August Pieper und der Nationalsozialismus

Über die Anfälligkeit des Rechtskatholizismus für völkisch-nationalistisches Denken

Werner Neuhaus

August Pieper und der Nationalsozialismus

Über die Anfälligkeit des Rechtskatholizismus
für völkisch-nationalistisches Denken

edition *leutekirche sauerland* 7

Gefördert durch die
Bischöfliche Akademie des Bistums Aachen

Umschlagfoto, Stadtarchiv Mönchengladbach 10-10797:
Die Mitarbeiter der Zentrale des Volksvereins 1906 (stehend
v.l.n.r.: Dr. August Engel, Josef Oberle, Dr. Wilhelm Hohn,
Lorenz Pieper, Joseph Joos, Johannes Giesberts, Dr. Otto Müller,
Emil van den Boom; sitzend v.l.n.r.: Franz Meffert, Franz Hitze,
August Pieper und Heinrich Brauns.

© 2017
Werner Neuhaus
August Pieper und der Nationalsozialismus.
Über die Anfälligkeit des Rechtskatholizismus
für völkisch-nationalistisches Denken

edition *leutekirche sauerland* 7

Satz & Gestaltung: Peter Bürger
Herstellung & Verlag: BoD – Books on Demand, Norderstedt
ISBN: 978-3-7460-1141-7

Inhalt

GELEITWORT
Dr. Marco Sorace   7

AUGUST PIEPER UND DER NATIONALSOZIALISMUS
Über die Anfälligkeit des Rechtskatholizismus
für völkisch-nationalistisches Denken   13
Werner Neuhaus

1. Zum Bild August Piepers in der Geschichtsschreibung   13
2. Zum ideengeschichtlich-ideologischen Gehalt der
   Manuskripte August Piepers aus den Jahren 1933/34   21
3. Zu Piepers Schriften aus der zweiten Hälfte
   der 30er Jahre   35
4. Eine Zusammenfassung von Piepers Weltanschauung
   kurz vor seinem Tode:
   Das Manuskript „Der Sinn des Krieges 1940 - "   39
5. Zur Korrespondenz Piepers
   mit Adam Stegerwald und Thomas Eßer   44
6. Gründe für Piepers partielle Identifizierung
   mit dem Nationalsozialismus ab 1933   57

Anhang
TEXTDOKUMENTATION: AUS SCHRIFTEN AUGUST PIEPERS   73

1. Aus „Der deutsche Volksstaat und
   die Formdemokratie" (1923)   74
2. Aus „Der Staatsgedanke der deutschen Nation" (1928)   92
3. Aus dem Sonderdruck
   „Der Nationalsozialismus" (1931)   104

6

Der Rechtsradikalismus der Nationalsozialisten   105
Leitgedanke und Lebenswille des nationalen Sozialismus   116
4. „Wie ist der Nationalsozialismus zu werten?" (1931)   124
Wie ist der Nationalsozialismus zu werten?   125
Der Lebenswille des Nationalsozialismus   129
Die Träger des Lebenswillens des Nationalsozialismus   131
Die Mittel der dynamischen Überwindung
des radikalen Nationalsozialismus   134
Die Taktik der bürgerlichen Parteien
gegenüber der Nationalsozialistischen Partei   137
5. Gliederungskonzept „Die Deutsche Revolution 1933"   141
6. „Die deutsche Revolution
   als Werk höherer Mächte" (1933)   143
7. „Der Sinn des Krieges 1940 -"   152
8. „Bekenntnis eines kirchlich denkenden Laien" [1942]   165
9. „Entwurf einer Erklärung
   der katholischen Kirchenführung
   an den Führer des Großdeutschen Reiches" [1942]   169

Der Autor dieses Bandes   171

Geleitwort

*„Nicht am öden Hakenkreuz, an dem kein Christus hängt, wird
das deutsche Volk genesen, sondern nur an jenem Kreuze, an
dem der sterbende Erlöser sein Blut vergießt für alle Menschen,
für Juden und Heiden, für Germanen und Romanen,
für die ganze leidende, sündige Welt."*
Flugblatt des Volksvereins für das katholische
Deutschland, Mönchengladbach 8. September 1931[1]

Wie Franz Hitze (1851-1921), die führende Gestalt des sozialen
Katholizismus im Kaiserreich, stammte August Pieper (1866-
1942) aus dem ‚kurkölnischen Sauerland'. Über ihn schrieb Karl-
Heinz Brüls vor fünfeinhalb Jahrzehnten im KAB-Verbandsorgan
‚Ketteler-Wacht': „Am 25. September 1962 jährte sich zum zwan-
zigsten Male der Todestag eines unserer bekanntesten Arbeiter-
führer und Sozialpädagogen, des Prälaten Dr. August Pieper.
Dieser Mann hat durch 41 Jahre als Generaldirektor des Volks-
vereins für das katholische Deutschland zu Mönchengladbach
Wege und Zielpunkt der katholisch-sozialen Arbeit führend mit-
bestimmt. Das von den Päpsten um die Jahrhundertwende im
Hinblick auf die Erfolge der Volksvereinsarbeit geprägte Wort:
Germania docet, darf auch als eine persönliche Anerkennung der
Verdienste August Piepers angesehen werden."[2]
    Oswald von Nell-Breuning SJ, den der linkskatholische Zen-
trums-Politiker Friedrich Dessauer 1928 bei seinen Bemühungen

---

[1]Zit. in: Gotthard KLEIN, Der Volksverein für das katholische Deutschland
1890-1933. Geschichte, Bedeutung, Untergang, Paderborn u.a. 1996, S. 465-
471, hier S. 471.
[2]Karl-Heinz BRÜLS, August Pieper. Zum 20. Todestag des Mönchengladbacher Volksbildners und Sozialpolitikers. In: Ketteler-Wacht Nr. 21 / 56. Jahrgang, S. 3. (Pieper, 1892 zunächst hauptamtlicher Generalsekretär, hat den
Verein freilich nicht 41 Jahre lang als Generaldirektor geleitet.)

um eine Sanierung des Volksvereins ,zur Hilfeleistung herangezogen hat', beurteilt die Arbeit des von der ,Ketteler-Wacht' so hoch Gerühmten weitaus weniger günstig: „Ganz in groben Zügen kann man sagen: der Niedergang des Volksvereins als solchen lag vor allem daran, daß die geistige Führung, insbesondere August Pieper selbst, in Volksgemeinschaftsideologie, Staatsmystik u.a.m. statt wie in der Zeit vor dem 1. Weltkrieg in praktischpolitischer und sozialer Bildungsarbeit machte."[3] Diese Zeilen beziehen sich auf Werke der Weimarer Zeit wie „Der deutsche Volksstaat und die Formdemokratie" (1923) oder „Der Staatsgedanke der deutschen Nation" (1928), deren Autor als ein moderner Priester und antihierarchischer Anwalt der Laien gewürdigt worden ist. Muss man jene Komplexe in Piepers Schriften, die Nell-Breuning als ,Volksgemeinschaftsideologie' und ,Staatsmystik' bezeichnet, nicht schon unter die Überschrift „Rechtskatholizismus" einordnen? Umfangreiche Textauszüge aus den beiden genannten Werken von 1923 und 1928 im Quellenanhang der vorliegenden Publikation ermöglichen es jedem Leser, sich ein eigenes Urteil zu dieser Frage zu bilden.

1931/32 findet in der von August Pieper herausgegebenen ,Führer-Korrespondenz' des Volksvereins eine umfangreiche Auseinandersetzung mit dem Nationalsozialismus statt. Der Paderborner Pastoraltheologe Rudolf Padberg hat bereits 1984 auf die Ambivalenz von Texten des Herausgebers in einem entsprechenden Schwerpunktheft hingewiesen: „Pieper lehnt selbstverständlich den faschistischen Kern des Nationalsozialismus ab, möchte aber der NS-Bewegung gegenüber die gleiche Taktik anwenden wie gegenüber der Sozialdemokratie. Er warnt vor einer bloß polemischen Abwehr und glaubt in ihr den organisierten Lebenswillen der Frontsoldaten zu erkennen. Er hofft geradezu, der Radikalismus dieser Gruppen sei ,trächtig zu Keimen eines Neuen'. [...] Pieper [...] versuchte neben einem faschistischen Kern auch positiv zu wertende zukunftsträchtige Züge in der

---

[3]Oswald von Nell-Breuning, Brief vom 21.3.1970 an Archivassessor Dr. Löhr (Stadtarchiv Mönchengladbach).

Partei zu entdecken. Er entschuldigte das Chaotische und Negative mit dem alten Wort, daß gärender Most schließlich einen
guten Wein ergibt. [...] Während P. Ingbert Naab im November
1931 die ,Brückenbauer' warnte [...], glaubte August Pieper allen
Ernstes, durch Gleichstellung der ,Linken' mit den ,Rechten' die
gleiche Taktik gegenüber der NSDAP anwenden zu können, wie
man die Sozialdemokratie aus der Oppositionshaltung zur Verantwortung geführt habe. Diese Haltung war der Keim für eine
illusionäre Hoffnung mancher, die da meinten, aus der NSDAP
lasse sich nach ihrem Eintritt in die Verantwortung eine brauch-
bare Kraft zur Erringung der ,Volksgemeinschaft' entwickeln!"[4]
Auch zu jenen Texten A. Piepers aus dem Jahre 1931, die Padberg
bereits vor über drei Jahrzehnten dem Feld der ,Brückenbauer'
zugeordnet hat, findet man im Quellenteil dieser Veröffentli-
chung eine repräsentative Auswahl.

Für die Zeit nach der sogenannten Machtergreifung hat Willy
Heitkamp, Diözesansekretär der Katholischen Arbeitervereine im
Erzbistum Paderborn, von einer Arbeitstagung mit Dr. August
Pieper in Mönchengladbach berichtet: „Kritisch habe Pieper gemeint, um die Standwerdung der Arbeiter, um Berufsstolz und
Arbeiterehre habe sich die Katholische Arbeiterbewegung und
ihre Jugend ohne greifbare Resultate bemüht. Das sollten wir uns
eingestehen. Ferner müßten wir doch sehen, daß eine machtvolle
Bewegung sich um die Verwirklichung ,dieser unserer Ziele' bemüht und diese erreichen werde. Es wäre falsch, wenn wir jetzt
nicht mitmachen würden. Auch in der Frage von ,Volk – Heimat
– Vaterland' habe Pieper versucht, den Weg zu dem Neuen zu
ebnen."[5]

---

[4]Rudolf PADBERG, Kirche und Nationalsozialismus am Beispiel Westfalen.
Ein Beitrag zur Seelsorgekunde der jüngsten Zeitgeschichte. Paderborn 1994,
S. 44-46.
[5]EBD., S. 53 (Quelle für diese Darstellung Padbergs sind unveröffentlichte
,Aufzeichnungen über die Zeit der Verfolgungen im III. Reich' von Willy
Heitkamp). – Vgl. auch das unter der Schriftleitung von Joseph van der
Velden im April 1933 veröffentlichte „Sonderblatt der Mitgliederzeitschrift

Das Anliegen der hier vorliegenden, auf fundierter Quellenarbeit basierenden Studie des Historikers Werner Neuhaus ist es, aufzuweisen, dass August Pieper sich ab 1933 bis hin zu seinem Tod positiv zum Nationalsozialismus positioniert hat. Der Verfasser erschließt erstmals Texte aus äußerst brisanten Nachlass-Bänden, von denen bislang allenfalls die Titel bekannt waren und deren Inhalte auch bis vor kurzem gar nicht öffentlich gemacht werden durften. Die maßgebliche Grundlage der Darstellung sind also nicht Hypothesen oder Zweitberichte, sondern Primärquellen. Der Originalwortlaut der jeweiligen Manuskripte ab 1933 wird ausgiebig zitiert oder in vielen Fällen auch vollständig im Anhang dokumentiert. Der Forschungsbeitrag von Werner Neuhaus führt zwingend zu einem neuen „Pieper-Bild" und ist für unser Haus ein bedeutsamer Anstoß gewesen, für Anfang 2018 zu einer Tagung unter dem gleichnamigen Titel „August Pieper und der Nationalsozialismus" einzuladen. Die Bischöfliche Akademie im August-Pieper-Haus und somit auch das Bistum Aachen bringen damit zum Ausdruck, dass sie ohne Wenn und Aber zur Aufklärung dieses Kapitels der Geschichte beitragen möchten.

Dr. Marco A. Sorace
(Bischöfliche Akademie des Bistums Aachen,
August-Pieper-Haus)

---

des Volksvereins für das katholische Deutschland" (Textdokumentation in: KLEIN, Der Volksverein für das katholische Deutschland 1890-1933, S. 471-478). Hierin wird unzweideutig zur Mitarbeit im ‚neuen Reich' aufgerufen: „Es wäre schuldhaft, jetzt hemmen zu wollen, wo Menschen sich mit der schweren Verantwortung beladen haben, die ausgeprägt ist in den Worten: Arbeit und Brot! So schwer ist dieses Mandat des Volkes an die Regierung, daß wir schlimmste Gefahr für das allgemeine Wohl des Volkes befürchten müßten, wenn seine Erfüllung mißlänge. Darum ist die Stunde so ernst, daß auch der Katholizismus seine Kräfte mitgeben muß, damit dieser Aufbau schnell, sicher und gut gelingen kann." (Zit. EBD., S. 472)

Werner Neuhaus

August Pieper und der Nationalsozialismus

Über die Anfälligkeit des Rechtskatholizismus für völkisch-nationalistisches Denken

1. ZUM BILD AUGUST PIEPERS IN DER GESCHICHTSSCHREIBUNG

Wenn sich heute überhaupt noch jemand unter dem Namen August Pieper etwas vorstellen kann, dann ist diese Erinnerung mit großer Wahrscheinlichkeit entlang der Linien geprägt, wie sie Hermann Kersting in seinem Beitrag für die Zeitschrift *Sauerland* im Jahre 2006 nachgezeichnet hat.[1]

Danach war Pieper im Kaiserreich jahrzehntelang als Geschäftsführer und Generaldirektor des Volksvereins für das katholische Deutschland organisatorisch und publizistisch tätig. Er schärfte den Blick des Zentrums, für das er viele Jahre im preußischen Abgeordnetenhaus und im Reichstag saß, für die sozialen Belange der Industriearbeiterschaft sowie für interkonfessionelle Gewerkschaften und kämpfte für die Demokratisierung des Reiches sowie gegen das reaktionäre preußische Dreiklassenwahlrecht. In seinen zahlreichen Veröffentlichungen in der Weimarer Republik rief er zur Schaffung eines Volksstaates auf, wobei er

---

[1] Hermann KERSTING, Prälat Dr. Dr. August Pieper. Der berühmteste Sohn unserer Bergstadt Eversberg, in: Sauerland. Zeitschrift des Sauerländer Heimatbundes 39. Jg. (2006), S. 74-75. Alle Zitate dieses Abschnittes sind diesem Text entnommen.

jedoch „eine andere Volksgemeinschaft meinte als die National-sozialisten". Erst nach 1933 habe er „die braune Diktatur als Stra-fe Gottes" betrachtet und sich daher „in das vermeintliche Schicksal" gefügt. Dennoch verboten ihm die Nazis 1937 die Mit-arbeit am erzbischöflichen Paderborner Wochenblatt ‚Leo'. Er starb nach längerer Krankheit 1942 in Paderborn und wurde in seiner Heimatstadt beigesetzt, wo dem „berühmtesten Sohn" der „Bergstadt Eversberg" noch heute ein ehrendes Andenken „als Vordenker sozialer, christlicher Gewerkschaftler" bewahrt wird.

Wenn man die neuere historische Forschung zu Rate zieht, ist das hier von August Pieper skizzierte Bild als einem der führen-den katholischen *Sozialpolitiker des Kaiserreichs* weitestgehend richtig. Pieper trat seit den 1890er Jahren für eine christliche Ar-beiter- und Sozialpolitik ein,[2] forderte gegen den Widerstand konservativer Bischöfe konfessionsübergreifende Gewerkschaf-ten,[3] kämpfte gegen das preußische Dreiklassenwahlrecht[4] und für eine Demokratisierung des Kaiserreichs.[5] Er erfüllte damit fast alle Kriterien, um als ausgesprochener Vertreter des *Links*ka-tholizismus im wilhelminischen Deutschland zu gelten, was ihn allerdings nicht davon abhielt, im Krieg betont nationale Positio-nen zu beziehen, etwa wenn er den Vorwurf prominenter franzö-sischer Katholiken, auch der deutsche Katholizismus habe sich vor 1914 der Kriegstreiberei schuldig gemacht, empört zurück-wies.[6]

---

[2] Vgl. Thomas DAHMEN, August Pieper. Ein katholischer Sozialpolitiker im Kaiserreich, Lauf a.d. Pegnitz 2000, S. 135ff.

[3] Vgl. EBD., S. 230ff.; Dirk H. MÜLLER, Arbeiter – Katholizismus – Staat: Der Volksverein für das katholische Deutschland und die katholischen Arbeiter-organisationen in der Weimarer Republik, Bonn 1996, S. 58ff.

[4] T. DAHMEN, Pieper (wie Anm. 2), S. 313ff.; D.H. MÜLLER, Arbeiter (wie Anm. 3), S. 63ff.

[5] T. DAHMEN, Pieper (wie Anm. 2), S. 243ff.

[6] Vgl. Martin LÄTZEL, Die Katholische Kirche im Ersten Weltkrieg. Zwischen Nationalismus und Friedenswillen, Regensburg 2014, S. 80. – Vgl. Piepers Aufsatz „Deutsche soziale Kultur", in: Georg PFEILSCHIFTER, Hg., Deutsche

Deutlich weniger übersichtlich wird die Situation, wenn man Piepers publizistische Tätigkeit in der *Weimarer Republik* untersucht. Alle Historiker, die sich in den letzten Jahrzehnten mit seinen Schriften aus den 1920er Jahren befasst haben, konstatieren bei Pieper nach dem Ende des Ersten Weltkrieges eine „sozialethische Neuorientierung".[7] A. Pieper und sein Freund Anton Heinen betonten nun den Gegensatz zwischen der von ihnen befürworteten organisch gewachsenen ‚Volksgemeinschaft' und der für sie in der Weimarer Republik sichtbaren antagonistischen und ‚mammonistischen Gesellschaft'.[8] Pointiert fasst Gotthard Klein die damals weit verbreitete Sicht einer Dichotomie von Gemeinschaft und Gesellschaft im soziologischen, politischen und philosophischen Diskurs der 1920er Jahre zusammen:

> „Während ein Gegensatzglied jeweils als ursprünglich, lebendig, wirklich und sakral gedacht wird, wird das andere als abstrakt, bloß seiend, ja tot abgewertet. Gemeinschaft sei demnach irrational, organisch, universalistisch, gottgewollt, heilig und unveränderlich, Gesellschaft dagegen rational, mechanisch, individualistisch, von Menschen geplant, profan und vorübergehend."[9]

Kultur, Katholizismus und Weltkrieg. Eine Abwehr des Buches La Guerre Allemande et le Catholicisme, Freiburg i.Br. 1916, S. 415-430.

[7] Gotthard KLEIN, Der Volksverein für das katholische Deutschland 1890-1933. Geschichte, Bedeutung, Untergang, Paderborn u.a. 1996, S. 139-156.

[8] Vgl. besonders Alois BAUMGARTNER, Sehnsucht nach Gemeinschaft. Ideen und Strömungen im Sozialkatholizismus der Weimarer Republik, München u.a. 1977, bes. S. 87-117; Detlef GROTHMANN, „Verein der Vereine"? Der Volksverein für das katholische Deutschland im Spektrum des politischen und sozialen Katholizismus der Weimarer Republik, Paderborn 1997, S. 35ff., 443ff.; DERS., Das Franz-Hitze-Haus am Paderborner „Inselbad" – Bildungsheim des Volksvereins für das katholische Deutschland 1923 bis 1932, in: Westfälische Zeitschrift 148. Bd. (1998), S. 388-418, bes. S. 392-394; 404-407; Reinhard RICHTER, Nationales Denken im Katholizismus der Weimarer Republik, Münster 2000, S. 225ff.; D. H. MÜLLER, Arbeiter (wie Anm. 3), S. 122ff.

[9] G. KLEIN, Volksverein (wie Anm. 7), S. 142f.

Natürlich entzogen sich solche von Pieper in zahlreichen Vorträgen, Aufsätzen und Büchern in sich immer wiederholenden wolkigen Wortkaskaden formulierten abstrakten Gedanken[10] weitgehend dem Verständnis der Zuhörer bzw. Leser, die durch diese Terminologie und Thematik keinerlei Hilfe bei der praktischen Bewältigung sozialer, pädagogischer und pastoraler Probleme der damaligen Zeit erfuhren.[11] Am schärfsten urteilte Paul Jostock in den 1950er Jahren über die Arbeit von August Pieper und seinem Mitstreiter Anton Heinen[12]: Diese „zwei Hauptsäulen der Gladbacher Zentrale" seien mit ihren irrationalen Formulierungen und unrealistischen Forderungen „wider Willen selbst zu Totengräbern des Volksvereins geworden"[13].

Hand in Hand mit diesem teilweise nur schwer verständlichen Wortgeklingel, das um Begriffe wie die „Seele der Volksgemeinschaft" kreiste, gingen andere Vorstellungen, die sich ebenfalls

---

[10] Pieper hat eine Reihe von Büchern und mehr als 500 Artikel verfasst, einen Großteil davon in den 1920er Jahren. Eine Auswahl der wichtigsten Schriften bietet Horstwalter HEITZER, Der Volksverein für das Katholische Deutschland im Kaiserreich 1890-1918, Mainz 1979, S. XXI-XXVII.

[11] Vgl. z.B. den Kommentar von Piepers Mitstreiter Otto Müller, die Bezirkspräsides seien den „Gemeinschaftsquatsch" leid: zit. bei T. DAHMEN, Pieper (wie Anm. 2), S. 14, Anm. 36. Ähnlich lautete die Kritik vieler Präsides der katholischen Jugend- und Standesvereine, „sie seien das Gesinnungsgerede von Pieper und Heinen satt": Margaret FELL, Mündigkeit durch Bildung. Zur Geschichte katholischer Erwachsenenbildung in der Bundesrepublik Deutschland zwischen 1945 und 1975, München 1983, S. 44.

[12] Der ebenfalls für den Volksverein tätige katholische Priester und Volksbildner Anton Heinen forderte ähnlich wie sein Freund August Pieper als Ziel der Bildungsarbeit nicht rational kontrollierbare Kenntnisse, sondern „Weckung und Anregung jener schöpferischen Kräfte, aus denen Volkstum heranwächst: Familie, Gemeinschaftsgeist, Volksgeist." Zit. nach Konrad SCHMIDT, Die Bedeutung personaler Beziehung im Bildungsprozeß. Anton Heinens Beitrag zur Landpädagogik als Lebenshilfe, Paderborn 1995, S. 65. Vgl. EBD., S. 210-216 das Verzeichnis der Schriften Heinens.

[13] Zit. nach Martin DUST, „Unser Ja zum neuen Deutschland". Katholische Erwachsenenbildung von der Weimarer Republik zur Nazi-Diktatur, Frankfurt a.M. 2007, S. 95.

aus voraufklärerische Einstellungen herleiteten und auch in antidemokratischen Zirkeln gepflegt wurden. Dies ist der Hintergrund von Piepers verbaler Abqualifizierung der Weimarer Republik als „Formdemokratie", der er den anzustrebenden „deutschen Volksstaat" gegenüberstellte.[14] Komplementär hierzu forderte er für die Bildungsarbeit die „Schulung von Führern aus
dem Volk" – so der Untertitel einer seiner Schriften.[15] Solche
Männer sollten aus „Führer und Volk die Volksgemeinschaft"
schmieden, denn erst so würde „die individualistische Masse
entmasst, wieder zum gewachsenen, gegliederten Volke"[16].

Natürlich ist es richtig, dass die Befürwortung von ‚Volksgemeinschaft' und ‚Führertum' sowie die Überwindung der ‚Formdemokratie' in der Weimarer Republik zum ideologischen Stan-
dardrepertoire der antidemokratischen völkischen Rechten bis
hin zum Nationalsozialismus gehörte.[17] Aber dennoch wäre es
voreilig und nachweisbar falsch, August Pieper zu dieser Zeit
wegen der Benutzung von heute als politisch kontaminiert gel-
tenden Begriffen in die braune Ecke zu stellen. So enthält allein
die von ihm für katholische Geistliche herausgegebene „Führer-
Korrespondenz" des Jahres 1931 eine Reihe von Aufsätzen, in

---

[14] Vgl. den programmatischen Titel seiner Schrift ‚Der deutsche Volksstaat
und die Formdemokratie', M.Gladbach 1923. – In den 30er Jahren nannte
Pieper dieses Büchlein seine Lieblingsschrift: Landesarchivverwaltung
Nordrhein-Westfalen, Abteilung Westfalen (=LAV NRW W), Nachlass Pieper (=NIP) Nr. 21, „Persönliches von August Pieper"; Nr. 6: „Das Schicksal
der Bücher von August Pieper" (15.6.1936), Bl. 3. – Vgl. die im →Anhang Nr.
1 abgedruckten Auszüge aus dieser Schrift.
[15] August PIEPER, Kleine Studienzirkel und Bildungskurse. Wege zur Schulung von Führern aus dem Volk, M.Gladbach 1924.
[16] August PIEPER, Was geht den Geistlichen die Volksgemeinschaft an?
M.Gladbach 1926, zitiert nach Horstwalter HEITZER, August Pieper (1866-
1942), in: Jürgen Aretz, Rudolf Morsey, Anton Rauscher, Hg., Zeitgeschichte
in Lebensbildern, Bd. 4, Mainz 1980, S. 114-132, S. 128.
[17] Vgl. dazu noch immer Kurt SONTHEIMER, Antidemokratisches Denken in
der Weimarer Republik. Die politischen Ideen des deutschen Nationalismus
zwischen 1918 und 1933, München 4. Aufl. 1983; Stefan BREUER, Anatomie
der konservativen Revolution, Darmstadt 1993, S. 83ff.

denen auch er selbst – unter der Verfasserangabe „A.P." oder anonym – heftig gegen den Nationalsozialismus polemisierte, auch wenn diese Texte nicht alle Seiten des sich immer deutlicher zeigenden NS ablehnten.[18] In einem dieser Texte formulierte Pieper seine scharf ablehnende Haltung gegenüber einigen politischen Zielen des „deutschen Faschismus": Dieser sei „die Staatsform der Analphabeten [und] geistig Unmündigen". Andererseits lobte er aber in dem gleichen Text den „vom Erlebnis des Frontsoldaten beseelten nationalistischen Freiheitskampf" der Hitlerpartei und begrüßte die scharfe Kritik des NS an der „knechtende[n] Selbstherrschaft der Plutokratie, des Finanzkapitalismus", eine Formulierung, die

---

18 Eine Übersicht zu allen Veröffentlichungen des ‚Volksvereins' zum Thema ‚Nationalsozialismus', die im Anschluss an zwei Mönchengladbacher Tagungen am 19./20. Januar und 17. Februar 1931 u.a. in der ‚Führer-Korrespondenz' oder Sonderdrucken erfolgten, kann an dieser Stelle nicht geboten werden. Berücksichtigt werden lediglich einige Texte, die wegen des Autorenkürzels (A.P.), aufgrund sprachlicher und inhaltlicher Merkmale sowie gemäß solider Zuschreibungen in der Sekundärliteratur August Pieper zugeordnet werden können. Vgl. hierzu auch: H. HEITZER, August Pieper (wie Anm. 16), S. 130f.; Wolfgang LÖHR, Der Volksverein für das katholische Deutschland. Zwischen Anerkennung und Ablehnung, Mönchengladbach 2009, S. 103; Detlef GROTHMANN, Katholizismus und Nationalsozialismus in Westfalen, in: Märkisches Jahrbuch für Geschichte, Bd. 110 (2010), S. 187-220, hier S. 212-217, Anm. 84-97. – Ob A. Pieper auch Pseudonyme eindeutig zugeordnet werden können, bleibt zu klären. Detlef GROTHMANN (EBD., S. 213, Anm. 85) vermerkt zur Verfasserschaft eines sehr NS-kritischen Aufsatzes: „H. Winfried (d.i. August Pieper)". Dagegen hat nach G. KLEIN, Volksverein (wie Anm. 7), S. 275f., Dr. Wilhelm Reinermann (1905-1977) unter dem Pseudonym ‚Heinrich Winfried' Texte gegen den Nationalsozialismus veröffentlicht! – Die ‚Ambivalenz' in den Texten A. Piepers lässt sich nicht ‚überlesen'. An seiner Gegnerschaft zu Aspekten des „Neuheidentums" der Nazis zu Beginn der 1930er Jahre kann jedoch kein Zweifel bestehen: vgl. z.B. den von ihm verfassten Text *„Die Taktik der bürgerlichen Parteien gegenüber der Nationalsozialistischen Partei"*, im Sonderdruck: ZENTRALSTELLE DES VOLKSVEREINS FÜR DAS KATHOLISCHE DEUTSCHLAND, Hg., Der Nationalsozialismus und die deutschen Katholiken, M.Gladbach o.J. [1931], S. 45-48 (dieser Beitrag ist nachzulesen im →Anhang, Nr. 4).

auch dem Parteiprogramm der NSDAP oder Hitlers *Mein Kampf* hätte entnommen werden können.[19]

Die sich hier andeutenden Affinitäten zu Elementen der NS-Ideologie sind dann *ab 1933* deutlicher greifbar. In der historischen Forschung gibt es seit den 1980er Jahren einige verstreute Hinweise, dass Pieper nach der ‚Machtergreifung' Aspekte der nationalsozialistischen Programmatik attraktiv fand. Neben den ohne genaue Quellenangabe zitierten Bemerkungen bei Horstwalter Heitzer aus dem Jahre 1980[20] finden sich einige knappe Bemerkungen bei Franz Pöggeler, Rudolf Padberg, Thomas Dahmen und Reinhard Richter.[21] Dagegen nahm Detlef Grothmann Pieper ausdrücklich als scharfsichtigen Kritiker des NS vor dem 30. Januar 1933 in Schutz und lobte dessen vermeintlich klarsichtige Analyse des immer stärker werdenden Nationalsozi-

---

[19] [August PIEPER,] Die Mittel der dynamischen Überwindung des radikalen Nationalsozialismus, in: Führer-Korrespondenz 44 (1931), S. 63f., wiederabgedruckt in: ZENTRALSTELLE DES VOLKSVEREINS FÜR DAS KATHOLISCHE DEUTSCHLAND, Hg., Der Nationalsozialismus und die Katholiken, M. Gladbach 1931, S. 44f.; A[ugust] P[IEPER], Die Taktik der bürgerlichen Parteien gegenüber der Nationalsozialistischen Partei, in: EBD., S. 45-48. D. GROTHMANN, Katholizismus (wie Anm. 18) arbeitet Piepers damalige Stellungnahme gegen Aspekte der NS-Ideologie heraus, ohne auf die gleichzeitig feststellbaren Schnittmengen, die in den gleichen Texten zu finden sind, hinzuweisen. Vgl. auch DERS., Der Volksverein für das katholische Deutschland und die nationalsozialistische Herausforderung in der Weimarer Zeit, in: Historisches Jahrbuch der Görresgesellschaft 121. Jg. (2001), S. 286-303. Vgl. die Auszüge aus Piepers Texten des Jahres 1931, die im →Anhang Nr. 3 und Nr. 4 abgedruckt sind.

[20] H. HEITZER, Pieper (wie Anm. 16), S. 131f.

[21] Franz PÖGGELER, August Pieper, in: Günther Wollgast, Joachim H. Knoll, Hg., Biographisches Handbuch der Erwachsenenbildung. Erwachsenenbildner des 19. und 20. Jahrhunderts, Stuttgart/Bonn 1986, S. 305-306; Rudolf PADBERG, Kirche und Nationalsozialismus am Beispiel Westfalens. Ein Beitrag zur Seelsorgekunde der jüngsten Zeitgeschichte, Paderborn 1984, S. 44f., S. 53; T. DAHMEN, Pieper (wie Anm. 2), S. 14; R. RICHTER, Denken (wie Anm. 8), S. 233.

18

alismus.[22] Erst in der im Jahre 2007 erschienenen Dissertation von Martin Dust[23] wird zum ersten Mal unter Hinweis auf Exzerpte von unveröffentlichten Aufsätzen Piepers aus den 1930er Jahren im Nachlass von Emil Ritter, einem publizistischen Mitstreiter Piepers aus den 1920er Jahren, durch längere Zitate belegt, dass sich der frühere Linkskatholik „nach 1934 […] dem Nazismus in erstaunlicher Weise" annäherte.[24] Noch schärfer ist jüngst Peter Bürger mit Pieper ins Gericht gegangen, indem er ihm, gestützt auf die Titel der Pieperschen Manuskripte in dessen Nachlass, entschiedene Anhängerschaft zum NS ab 1933 vorwarf und für eine Revision des derzeit gültigen positiven Bildes von August Pieper plädierte.[25]

Der wohl wichtigste Grund für diese späte und selbst bis heute nur ganz bruchstückhafte Aufarbeitung der Hinwendung Piepers zu Elementen der NS-Ideologie liegt wahrscheinlich in den Besonderheiten der Bestimmungen zur Nutzung seines Nachlasses, in dem sich nicht nur die Privatkorrespondenz, sondern auch die Manuskripte seiner Aufsätze aus der Zeit ab Anfang 1933 befinden. Im Jahre 1940 hatte August Pieper seinem Briefpartner Adam Stegerwald mitgeteilt, dass er „alle [s]eine rückblickenden Niederschriften und Fachliteratur einem vertrauenswürdigen Jüngeren übergeben" hätte, „der für die Zukunft einen sicheren Verwahr der Niederschriften sich gesichert hat"[26]. Der Nachlass-

---

[22] „Treffender als der langjährige Generaldirektor des Volksvereins […] hätte kein heutiger Historiker die Ursachen für den Aufstieg des NS beschreiben können." D. GROTHMANN, Katholizismus (wie Anm. 18), S. 208f.
[23] Martin DUST, „Unser Ja zum neuen Deutschland" (wie Anm. 13), S. 530-534.
[24] EBD., S. 529. – Allerdings wird dort auch ausdrücklich darauf hingewiesen, dass Ritter seine Hinwendung zum NS durch den Hinweis exkulpieren wollte, auch andere Vertreter des politischen Katholizismus hätten ähnlich gehandelt: vgl. EBD., S. 532.
[25] Peter BÜRGER, Friedenslandschaft Sauerland. Antimilitarismus und Pazifismus in einer katholischen Region, veränd. 2. Aufl. Norderstedt 2016, S. 67.
[26] A. Pieper an Stegerwald, 7. 7.1940, in: ARCHIV FÜR CHRISTLICH-DEMOKRATISCHE POLITIK (=ACDP), Nl Stegerwald, 011/2, Nr. 1194. Nach einem weite-

verwalter, August Piepers Bruder Dr. Lorenz Pieper, der schon zu Beginn der 1920er Jahre NSDAP-Mitglied und ein glühender Bewunderer Adolf Hitlers war,[27] hatte dem Staatsarchiv Münster am 21.10.1950 den Nachlass seines Bruders mit der Nutzungseinschränkung übergeben, dass der wörtliche Abdruck aus den Nachlasspapieren „unter Angabe des Urheber-Namens nicht gestattet werden" könne. Das bedeutete, dass nach den Bestimmungen des NRW-Archivgesetzes die Manuskripte und Typoskripte der Aufsätze des 1942 verstorbenen August Pieper 70 Jahre lang, d.h. bis zum 31.12.2012, urheberrechtlich geschützt waren und nicht zitiert werden durften.[28]

Somit konnte erst ab diesem Zeitpunkt eine quellenbasierte kritische Auseinandersetzung mit dem unveröffentlichten Spätwerk August Piepers vorgenommen und der Öffentlichkeit vorgestellt werden. Dies soll auf den folgenden Seiten versucht werden.

---

ren Brief an Stegerwald hat Pieper „über 5000 Blätter" mit seinen „Erinnerungen und Erfahrungen" gefüllt: EBD., 19.2.1940, Nr. 1191.

[27] Vgl. Werner TRÖSTER, „...die besondere Eigenart des Herrn Dr. Pieper ...!" Dr. Lorenz Pieper, Priester der Erzdiözese Paderborn, Mitglied der NSDAP Nr. 9740, in: Ulrich Wagener, Hg., Das Erzbistum Paderborn in der Zeit des Nationalsozialismus. Beiträge zur regionalen Kirchengeschichte 1933-1945, Paderborn 1993, S. 45-91; Katharina GRANNEMANN, Lorenz Pieper. Ein Geistlicher zwischen Heimatliebe, Glaube und Hitlerkult, in: Der Märker, 62. Jg. (2013), S. 124-140.

[28] Schreiben der LAV NRW W an den Verf., 3.2.2017.

Dr. August Pieper (1866-1942)
Stadtarchiv Mönchengladbach 10-13102

2. ZUM IDEENGESCHICHTLICH-IDEOLOGISCHEN GEHALT DER MANUSKRIPTE AUGUST PIEPERS AUS DEN JAHREN 1933/34

Die Grundlage der Ausführungen dieses Kapitels bildet ein Quellenkorpus von 25 Manuskripten und einem Typoskript aus den Jahren 1933/34, die Pieper ohne Angabe eines Datums unter dem Titel „*Die deutsche Revolution 1933*" zusammengestellt hat.[29]
Im „Vorwort" vom 8.8.1934 unter der Überschrift „*Ich machte meinen Frieden mit dem Dritten Reich*" verweist August Pieper auf die am 6.8.1934 gehaltene Reichstagsrede Hitlers, der „schon vorher [...] allen bisher ihm Entfremdeten die Friedenshand dargeboten" hätte, und ist überzeugt, dass der am 2.8.1934 verstorbene Reichspräsident Hindenburg bei seiner Totenfeier am 7. August endgültig zum „Mythos des Neuen Deutschlands" erhoben worden sei (S. 1). Feierlich notiert Pieper: „An der Bahre Hindenburgs schließe auch ich meinen Frieden mit den [...] Eroberern der Reichs- und Staatsgewalt" (S. 1f.). In für ihn seit den Anfangsjahren der Weimarer Republik typischen Formulierungen verspricht er: „Im Sinne Hindenburgs folge ich meinem deutschen Volke überall hin, wohin das geheimnisvolle Schicksal es führt. Ich bleibe an seiner Seite! Stets war mir mein Volk Alles; die Staatsform bleibt nur Hülle u. Werkzeug" (S. 2f.).[30] Nach einer erneuten Solidaritätserklärung an die „Träger der deutschen Revolution" – auch wenn er „so manche noch vorhandenen Eierschalen" bei den „radikalistischen" Teilen der NSDAP zu erkennen glaubt (S. 3) – schloss er diese Ausführungen mit einem erneuten Dank an Hindenburg, den „verklärte[n] Einiger u. Fried-

---

[29] LAV NRW W, NIP, Nr. 6. Alle folgenden Zitate aus Schriften Piepers in diesem Kapitel beziehen sich auf diese Quelle. Wenn möglich, wird bei Zitaten die Foliierung der jeweiligen Manuskripte angegeben. – Vgl. die Titel dieser Manuskripte im →Anhang, Nr. 5 (und Nr. 6).

[30] Es ist mehr als erstaunlich, dass ein so erfahrener Parlamentarier, Vereinsmanager und Kleriker wie A. Pieper in seinen Schriften die Bedeutung von Vereinssatzungen, Parteiprogrammen, Staatsverfassungen und Kirchenrecht, die doch immer auch Ausdruck politischer, wirtschaftlicher, sozialer und ideologischer Machtverhältnisse sind, außerordentlich geringschätzt.

bringer für alle Deutschen": „Die Trauer machte einer gläubigen Hoffnung Platz" (S. 4).[31]

Wenn also unbezweifelbar feststeht, dass Pieper spätestens seit Anfang August 1934 Anhänger der „Eroberer der Reichs- u. Staatsgewalt" – also der NSDAP und ihres „Führers" Adolf Hitler – war, so beantwortet dies noch nicht die Frage, *wann* der 1930/31 noch erwiesenermaßen gegen wesentliche Teile der NS-Ideologie eingestellte Zentrumspolitiker seine politischen Überzeugungen änderte. Um dies festzustellen, werden im Folgenden die 26 Texte, soweit sie von Pieper mit einem Entstehungsdatum versehen wurden, in chronologischer Reihenfolge gesichtet.[32]

Der erste sich für eine genauere Analyse anbietende längere Text ist ein Typoskript mit dem Titel *„Die Deutsche Revolution als Werk höherer Mächte"*, welches nach dem handschriftlich eingetragenen Datum vom März 1933 stammt. Ausgehend vom Erfolg der NS-Revolution widmet Pieper sich zunächst allgemein dem Problem der Ursachen erfolgreicher Revolutionen und hält dann im Hinblick auf 1933 in der für ihn typischen Diktion fest: „Diese Revolution ist nicht von Parteipolitikern gemacht, darum nicht schwaches Menschenwerk, sondern sie ist gewachsen aus dem Weben neuer schicksalhaft entwickelter Ur-Lebenskräfte des sich stetig wandelnden geheimnisvollen Lebens des deutschen Volkes" (S. 2). Darin seien die „Lebenskräfte des Staatsvolkes und in ihm die Volksgemeinschaft"[33] in „machtvolle Spannung zu den

---

[31] August Pieper war nicht der Einzige, bei dem die propagandistische Ausschlachtung von Hindenburgs Tod und Begräbnis durch die Nazis auf fruchtbaren Boden fiel: vgl. Jesko VON HOEGEN, Der Held von Tannenberg. Genese und Funktion des Hindenburg-Mythos, Köln u.a. 2007, S. 406-424; Anna VON DER GOLTZ, Hindenburg. Power, Myth, and the Rise of the Nazis, Oxford 2009, S. 178-186.

[32] Dabei werden Texte, in welchen A. Pieper Reden, Aufsätze, Kapitel von Büchern etc. anderer Politiker und Schriftsteller zusammenfasste und kommentierte, nur berücksichtigt, wenn sie eindeutige Rückschlüsse auf Piepers eigene damalige politische Überzeugungen zulassen.

[33] Es sei daran erinnert, dass „Staatsvolk" und „Volksgemeinschaft" zentrale Begriffe in Piepers seit den frühen 1920er Jahren gebetsmühlenartig wieder-

Beharrungskräften der alten Ordnung" getreten. Leider hätten die katholische Kirche und das Zentrum die nationalen und sozialen Forderungen von bündischer Bewegung, Stahlhelm, Jungdeutschem Orden und Hitlerbewegung stur bekämpft, statt ihnen flexibel zu begegnen (S. 4f.).[34] Danach bietet er eine interessante, fast schon ,bonapartistisch' oder ,cäsaristisch' zu nennende Erklärung für den Erfolg des NS:

[In der Weltwirtschaftskrise] „flüchtete, in der Sorge um die Sicherung ihrer Existenz (Besitz, standesgemässe Nahrung und gesellschaftlicher Vorrang vor den Besitzlosen) die grosse Mehrheit der Groß- und Kleinbürger in Stadt und Land, alten und jungen Studierten, Festangestellten, wie einst im alten Rom beim Ansturm der Diktatur von Julius Cäsar, unter ,ein Regiment, das Ordnung und Sicherheit, wenngleich unter Preisgabe der Freiheit,[35] verhiess'. (Th. Mommsen, Römische Geschichte, 3. Bd., S. 199). Viele nichtorganisierte Arbeiter schlossen sich jenen Mittelständlern an" (S. 5).

Nach dieser insgesamt zutreffenden Kurzdarstellung der NSDAP-Wählerschaft[36] fordert Pieper von denjenigen, „welche sich 1919 zum sozialen und nationalen Volksstaate der Volksfreiheit bekannten" – also von denjenigen, die seine eigenen politische Überzeugungen vertraten – ohne zu zögern: „Hingebende

---

holten Gedanken darstellten. Auf S. 4 dieses Manuskripts weist Pieper ausdrücklich darauf hin, dass er und Anton Heinen seit Kriegsende „die Parole: ,Erneuerung der Volksgemeinschaft, Stärkung des nationalen Staatsgedankens' unermüdlich in Wort und Schrift vertreten und begründet" hätten.
[34] Erneut verweist er auf den „ganz andere[n], nämlich positiv, schöpferisch aufbauende[n] Umgang des Volksvereins" unter seiner Führung gegen den „marxistischen Sozialismus" (S. 5) vor dem Weltkrieg.
[35] Vgl. seine ähnliche Formulierung in „Die deutsche Revolution 1933", in: NIP Nr. 6, Text 2 (17.4.1934), Bl. 2: „Es war eine Revolution der Panik, in der man um der Sicherung des nackten Lebens die Würde der Freiheit opferte."
[36] Grundlegend hierzu noch immer Jürgen W. FALTER, Hitlers Wähler, München 1991.

Mitarbeit an der Verwirklichung des [...] nationalen und sozialen oder Volksgemeinschaftsgedankens, damit eine dem germanischen Freiheitsgedanken[37] gemässe Verwirklichung des nationalen Staates und des ‚deutschen Sozialismus'" (S. 6) erreicht werden könne. Es folgen wieder die bekannten, inhaltlich kaum zu fassenden Floskeln „Vergenossenschaftung des Wirtschaftslebens und Volksgemeinschaftslebens", „seelische Vergemeinschaftung", „Selbstverwaltung aus Selbstverantwortung" und „Stärkung des Standesgemeinsinns aus Standesehre" (S.6f.). Vom NS verlangt der Verfasser, dieser müsse „sich umwandeln zur organischen, lebendigen Volksgemeinschaftsbewegung, die Volksganzheitsbetätigung" sei (S. 7). Er schließt diesen Text mit der Bemerkung, das katholische Volk müsse sich daher auf das „in Resten noch lebendige Volkstum wieder besinnen, dessen Bekenner die Schriften von Anton Heinen und August Pieper sind" (S. 8).

Meines Erachtens geht aus diesem Text von März 1933 eindeutig hervor, dass August Pieper zu diesem Zeitpunkt bereits zu den „Märzgefallenen" zu zählen ist, also zu jener Gruppe von Deutschen, die Hitler und die NSDAP bei den Märzwahlen des Jahres 1933 unterstützten, während sie seiner Politik und Ideologie vorher noch weitgehend abwartend bis ablehnend gegen-

---

[37] Besonders bei Anhängern der völkischen Rechten gab es das ideologische Konstrukt der „freiheitsliebenden" germanischen Stämme, die sich – obwohl traditionell untereinander entzweit – z.B. unter der Führung des Arminius (Hermann des Cheruskers) patriotisch gegen die römische Fremdherrschaft erhoben hätten: vgl. Klaus KÖSTERS, Mythos Arminius. Die Varusschlacht und ihre Folgen, Münster 2009, bes. S. 285-324; vgl. auch Piepers Formulierung in seinem Manuskript „Welche neue politische Haltung erfordert die Mitarbeit der Katholiken im Staat der nationalen Erhebung?", NIP, Nr. 6, Text 23 (o.D.) Bl. 5, Hitler wolle die „Eigenbrötelei und Haderlust, welche die Germanen seit ihrem Eintritt in die Geschichte hinderte, [...] einen widerstandsfähigen nationalen Einheitsstaat als großes Reich auf die Dauer aufzurichten, von Grund auf gewaltsam" ausrotten.

übergestanden hatten.[38] Von größter Bedeutung scheint auch hier
das für Piepers Weltanschauung eminent wichtige Konzept der
„Volksgemeinschaft" gewesen zu sein, welches auch die Nationalsozialisten sofort nach der „Machtergreifung" in den Fokus
rückten:

> „Der zentrale Begriff, unter den die neue Regierung Hitler am
> 1. Februar 1933 ihr Programm gestellt hatte, war derjenige der
> ‚Volksgemeinschaft'. Der Terminus selbst war über die politi-
> schen Lager hinweg während der vergangenen fünfzig Jahre
> eine Leitvokabel der Modernekritik gewesen. In ihm verband
> sich die Kritik an den die soziale Gemeinschaft zerreißenden
> Klassen der Industriegesellschaft sowie an den Gegensätzen
> zwischen den Konfessionen mit der Ablehnung der Parteien
> und des Parlamentarismus, welche auf Uneinigkeit und Inte-
> ressengegensätzen basierten."[39]

Weitere Texte des von Pieper zusammengestellten Aktenkonvo-
luts der Jahre 1933/34 bestätigen den Eindruck, dass der Verfasser von den ersten Maßnahmen der nationalsozialistischen Regierung überzeugt war. Das Manuskript *„Erfolge der deutschen Revolution"* stammt vom 16. Mai 1933. Er ist in zwei Abschnitte – die
Erfolge beim „Aufräumen u. Verhüten" sowie bei der „Erneuerung von Nation u. Volksgemeinschaft" durch den neuen Reichs-
kanzler – unterteilt. Zu den erstgenannten positiven Ergebnissen
der „deutschen Revolution" zählt Pieper die „Reichsreform", also
das am 31. März 1933 erlassene Gesetz zur Gleichschaltung der

---

[38] Der Begriff „Märzgefallene" bezeichnete ursprünglich die mehr als 200 bei
der Märzrevolution von 1848 in Berlin getöteten Revolutionäre, wurde dann
aber spöttisch auf die im Frühjahr 1933 ins Hitlerlager übergewechselten
Wähler und frisch eingetretenen Parteigenossen angewendet: vgl. Jürgen W.
FALTER, Die „Märzgefallenen" von 1933. Neue Forschungen zum sozialen
Wandel innerhalb der NSDAP-Mitgliedschaft während der Machtergrei-
fungsphase, in: Geschichte und Gesellschaft 24 (1998), S. 595-616.
[39] Ulrich HERBERT, Geschichte Deutschlands im 20. Jahrhundert, München
2014, S. 306.

Länder mit dem Reich, wobei er hoffnungsvoll hinzusetzt, „Deutsch-Österreich" solle auch noch angeschlossen werden (S. 1). Weiterhin sei Hitler dem „bolschewistischen Kommunismus" (S. 1) zuvorgekommen, offensichtlich eine Anspielung auf die völlig unhaltbare Behauptung der Nazis, die KPD hätte den Reichstag angezündet, weshalb die NS-Regierung einen Tag später in der Verordnung des Reichspräsidenten „Zum Schutze von Volk und Staat", der sog. Reichstagsbrandverordnung, eine Reihe von Bürgerrechten aufhob.

Auch die erzwungene Selbstauflösung der politischen Parteien, die Auflösung der Gewerkschaften sowie das ‚Ermächtigungsgesetz', die Verabschiedung des Gesetzes zur Behebung der Not von Volk und Reich vom 23.3.1933, werden positiv gesehen: „Hitler hat alle organisierten Machtmittel des Klassenkampfes beseitigt. Er hat die Parteien u. Gewerkschaften zerstört, die autonome Volksvertretung ausgeschaltet" (S. 2).[40] Gegenüber den brutalen Formulierungen (beseitigt; zerstört; ausgeschaltet) benutzt er im zweiten Teil dieses Textes zunächst wie gewohnt schwammige Ausdrücke, wenn er hervorhebt, Hitler habe „die autoritäre Gewalt des totalen Staates in den Dienst des Primates der nationalen Ehre u. Freiheit u. des Volksgemeinschaftswollens gestellt" (S. 3), was er dann eher prosaisch erläutert: Der NS-Staat habe „die Beamten des allmächtigen u. allbeherrschenden Staates […] zu Dienern der nat. soz. Parteiherrschaft [gemacht], alle dazu nicht Willigen beseitigt" (S. 3).[41] Dadurch sei „der geeinte Lebenswille der Deutschen zur Nationwerdung u. Volkwerdung"

---

40 Mit anderer Tinte fügte Pieper später noch hinzu: „Hitler hat die durch das Versailler Friedensdiktat dem deutschen Volke aufgezwungenen Fesseln gesprengt, die politische Karte des deutschen Reiches revidiert" (Bl. 2). Diese Bemerkung könnte sich auf die Volksabstimmung im Saarland (13.1.1935), die Rheinlandbesetzung (7.3.1936) oder die Ereignisse des Jahres 1938 („Anschluss" Österreichs und Besetzung des Sudetenlandes) beziehen.
41 Diese Formulierung bezieht sich auf das Gesetz zur Wiederherstellung des Berufsbeamtentums vom 7.4.1933, durch welches politisch missliebige Beamte, vor allen Dingen aber auch Juden, aus dem Staatsdienst entlassen werden konnten.

erreicht worden, und es sei „ein Glück, daß die Jugend [...] in der
Schule wie in den Jugendverbänden" (S. 3) in diesem neuen Staat
aufwüchse. Darüber hinaus habe „Hitler [...] als Übungsstätte
des Opfergeistes [...] die Wehrverbände u. den Arbeitsdienst"
geschaffen, womit Verbände wie SA und SS sowie die Deutsche
Arbeitsfront (DAF), die am Tage dieser Eintragung gegründet
worden war, gemeint waren. Durch diese Maßnahmen würde
„der Geist der Wehrhaftigkeit" und „des selbstlosen Bürgerdiens-
tes am Gemeinwohl" gepflegt (S. 4).

Etwa zehn Tage später, am 27. Mai 1933, verfasste Pieper einen deutlich längeren Text, in welchem er viele der hier erwähnten Maßnahmen des NS-Staates erneut erwähnte, interpretierte
und begründete.[42] So begrüßte er das sog. Ermächtigungsgesetz,
da „der autoritäre Staat [...] aufgeräumt [habe] mit dem Primat
der individualistischen, an privaten Meinungen u. Bestrebungen
der Wähler-Bürger sich richtenden Parteien über die Regierungs-
gewalt des Staates, die an die Vertrauenserklärung des Parlaments gebunden" gewesen sei (S. 4). Durch das ‚Ermächtigungsgesetz' seien „die Unterordnung der Parteien unter das Staatsinteresse zur Geltung gebracht", „Interessen- und Klassenparteien,
kirchpolitische Parteien aber als mit dem Staatsinteresse unvereinbar" erklärt worden (S. 4). Diese radikale Absage an die parlamentarische Regierungsform der Weimarer Republik feierte
Pieper, der selbst im Kaiserreich als Abgeordneter für eine konfessionelle Partei jahrelang im Preußischen Landtag und im
Reichstag gesessen hatte, nun als einen „gewaltigen Fortschritt",
der „nur durch eine Diktatur herbeigeführt werden konnte" (S.
4).[43] Die konstruktive Mitarbeit an diesem nationalen Wiederauf-
bau sei moralisch zwingend geboten: „Dieses neue Werk der Na-

---

[42] „Welche Aufbaukräfte will das dritte Reich der deutschen Erhebung
dienstbar machen?" NIP, Nr. 6, Text 12.
[43] Auch am 13.6.1933 hielt er in seinem Text „Die geschichtliche Sendung der
Hitlerbewegung" fest: „Erst muß die Nation u. Volksgemeinschaft gesichert
sein, wenn auch durch eine Diktatur." NIP, Nr. 6, Text 16: „Die geschichtliche Sendung der Hitlerbewegung", Bl. 3.

tionwerdung der Deutschen zu verwirklichen ist Pflicht aller deutschen Staatsbürger. Alle müssen mitwirken" (S. 7). Dieses „rückhaltlose Sicheinsetzen für die Ehre, Größe u. Macht des Reiches der Deutschen" sei „Ehrenpflicht": „Wer sie ablehnt, geht jedes deutschen Bürgerrechts verlustig, gilt als Fremder, ja als Abtrünniger" (S. 8a).

Diese unbedingte Verherrlichung der Innenpolitik Hitlers, die jede Form von Opposition diskreditierte, wurde noch durch eine betont völkische Sicht der Kulturpolitik ergänzt. Der „deutsche Geist" sei „leiblich gebunden an das durch Rassenmischung, Klima, Boden, geschichtliches Volksschicksal geprägte deutsche Blut" und forme „letztlich die Eigenart der deutschen Nation" (S. 16). Aber dieser „deutsche Geist" sei heute „weithin überfremdet" (S. 17). Aus diesem Grunde habe der NS „von Anfang an den Kampf geführt gegen die kulturelle Überfremdung", und daher sei die staatliche Zensur von Zeitschriften und Büchern „zur Ausmerzung der Schädlinge am deutschen Geistesleben" notwendig, um eine „einheitliche nationale Kultur" entstehen zu lassen (S. 18).[44] Nach einer nochmaligen Betonung, dass die „Reinigung des deutschen Geisteslebens von Schädlingen" (S. 19) und „staatliche Zwangserziehung" leider notwendig seien, kehrt er zu einem seiner Lieblingsgedanken aus den 20er Jahren zurück: „Durch selbstverantwortliche Bildungs- u. Erziehungsarbeit an sich selbst u. an der Volksgemeinschaft" (S. 22) hofft er, der „deutsche Sozialismus" werde sich als „Sicherung der Freiheit aller in der frei, weil hochherzig aus Ehre u. Gewissen bejahten Gemeinschaftsbindung" erweisen und habe daher zu Recht die „äußere Vergesellschaftung" der Weimarer Republik abgelöst (S. 25).

Aus diesen beiden Texten vom Mai 1933 ergibt sich bereits ohne jeden Zweifel, dass August Pieper bereits zu diesem frühen Zeitpunkt den NS-Staat und seine totalitären Maßnahmen in der

---

[44] Als Pieper diese Gedanken niederschrieb, lagen die Bücherverbrennungen durch fanatische nationalsozialistisch indoktrinierte Studenten nicht einmal einen Monat zurück.

Verfassungs-, Partei-, Innen- und Kulturpolitik rückhaltlos bejahte, auch wenn man bei dieser Feststellung berücksichtigen muss, dass im Verlaufe des ersten Jahres der Kanzlerschaft Hitlers viele Katholiken – und nicht nur diese – „ihren Frieden mit dem Dritten Reich" machten, zumal zu diesem frühen Zeitpunkt das ganze Ausmaß und die katastrophalen Folgen der NS-Politik noch nicht klar ersichtlich waren.

Die weiteren Texte Piepers aus dem Jahre 1933 bestätigen die bisher gemachten Beobachtungen, ohne dass es zu signifikanten neuen Erkenntnissen kommt. So bekennt er sich auch in dem Text *„Zur Würdigung der innenpolitischen Ziele des autoritären totalen Staates"* vom 21.6.1933 zum sich bis zu diesem Zeitpunkt bereits klar abzeichnenden NS-Staat. Da die Weimarer Republik und die sie tragenden Parteien bei der Bekämpfung des „revolutionären Bolschewismus", der Auswirkungen der Wirtschaftskrise und einer Errichtung des autoritären Staates versagt hätten, „fiel die Lösung jener drei Aufgaben der soldatischen, nach Kriegsmethode vorgehenden, völkischen, antiliberalen, antikapitalistischen, antidemokratischen, antimarxistischen, antiparlamentarischen diktatorisch regierenden nat. soz. Partei zu"[45] (S. 1).

Lediglich bei der Wirtschafts- und Kirchenpolitik sind deutlicher neue Akzente zu verspüren. So begrüßt er „die berufsständische Gliederung des Wirtschaftsvolkes oder des genossenschaftlichen deutschen Sozialismus unter der Führung durch den totalen autoritären nationalen Staat" (S. 3) sowie die Überbrückung der konfessionellen Gegensätze „unter Zurückweisung der Kirchen" (S. 2), ohne sich jedoch genauer dahingehend zu äußern, auf welche kirchenpolitischen Maßnahmen des nationalsozialistischen Staates er mit dieser Bemerkung abzielt. Die weiteren Floskeln zur Kulturpolitik – „Kulturbildungs- u. Volkserziehungsarbeit an der Jugend [...] nach den Lebensforderungen einer im Blute wurzelnden deutschen Kultur" (S. 2) oder „im Blute verwurzelte ei-

---

[45] Dieses Zitat beweist, dass Pieper den radikalen „Anticharakter" der NS-Ideologie schon früh absolut zutreffend erkannt hat und positiv bewertete. Nur der Antisemitismus und der Antipazifismus fehlen.

gengesetzliche nationale deutsche Kulturvolkwerdung" (S. 4) im
Gegensatz zur früheren „Mitarbeit an der europäischen oder
weltbürgerlichen Kultur oder bloßen Zivilisation" (S. 4) – sind
lediglich Wiederholungen von schon im Mai 1933 formulierten
Gedanken, auch wenn A. Pieper nun rassistisch-sozialdarwinisti-
sches Vokabular deutlich häufiger verwendete.

Das wird auch bei seinen Ausführungen nach Hitlers Rede auf
dem Reichsparteitag vom 1.9.1933 deutlich, wobei er am NS die
„heroische Lehre der Wartung des Blutes, der Rasse u. der Persönlichkeit sowie des ewigen Auslesegesetzes" hervorhebt, welche „in unüberbrückbare Gegensätze zur Weltanschauung der
pazifistisch-internationalen Demokratie und ihrer Auswirkungen" trete.[46]

Es ist interessant zu beobachten, wie A. Pieper aus der Geschichte zu begründen versucht, warum der Nationalsozialismus
geradezu ein historisch verbrieftes Recht habe, durch seine totalitäre Politik das Werk der – von Pieper selbst so innig herbeige-
wünschten – ‚Volksgemeinschaft' zu vollenden.[47] Durch den
„Klerikalismus" und die auf Rom ausgerichteten Bischöfe habe
das deutsche Volk nicht gelernt, sich selbst zu regieren. Gerade
die „deutschen kirchentreuen Katholiken" brächten nicht die
Fähigkeiten auf „zur mühevollen Erarbeitung der geistigen Freiheit", da sie sich „auf äußere Autorität" wie Papst und Bischöfe
stützen müssten. Piepers Schlussfolgerung ist einfach und kompromisslos: „Wer also nicht Herr über sich selbst sein kann, muß
sich jenem unterwerfen, der sich fähig u. entschlossen zeigt, Herr
über sich und die Unmündigen zu sein."

Hinzu kamen in seinen Augen Schwächen des liberal und national eingestellten deutschen Bürgertums. Schon in der Revolution von 1918/19 sei „das deutsche Volk gescheitert an der Aufgabe der freien Staatsvolkwerdung" und habe „die Bürgerkrone

---

[46] NIP, Nr. 6, Text 14, 4.9.1933: „Bekenntnisse Hitlers zu Nürnberg, 1.9.1933",
Bl. 6.
[47] NIP, Nr. 6, Text 18, 27.11.1933: „Kraftwurzeln des Klerikalismus", Bl. 1f.

31

abgeliefert", ähnlich wie kurz zuvor die „Fürsten auf ihre Krone verzichteten".

Neben Schwächen des bürgerlichen Liberalismus und der Stärke der katholischen Amtskirche mit dem Papst und den Bischöfen an der Spitze macht er noch ein anderes ‚Grundübel' für die Neigung der Deutschen aus, sich freiwillig der „Vormundschaft und Beherrschung" durch andere zu unterwerfen: Kleinstaaterei und Föderalismus hätten die Deutschen politisch entmündigt, denn natürlich stand diese nationale Zersplitterung der Schaffung von Staatsnation und ‚Volksgemeinschaft' entgegen: „So macht der unverbesserliche unpolitische Geist der Deutschen die Entmündigung der Staatsbürger durch den Fürstenabsolutismus, neuerdings durch den nat. soz. Autoritären Führerstaat notwendig."[48] Denn für Pieper, den Bewunderer Friedrichs II. (des ‚Großen')[49] und Bismarcks, hatte im Konfliktfall zwischen staatlicher Macht und individueller Freiheit der Staat ohne Wenn und Aber den Vorrang: „Die Staatsordnung ist aber höchste Lebensnotwendigkeit, also unbedingtes Lebensgebot. Nicht aber ist unbedingtes Lebensgebot die Freiheit im Staate."[50] In der Umbruchzeit des Jahres 1933 sah er für patriotische Deutsche keine politische Alternative zum Nationalsozialismus, auch wenn der autoritäre NS-Staat theoretischen Demokratiepostulaten widerspräche:

„Auch der innige Bekenner der Volksfreiheit muß also die ungestörte Entwicklung des autoritären Staates als höchste Lebensnotwendigkeit des deutschen Volkslebens hinstellen, für sie sich einsetzen als die Pflichterforderung der Stunde. Den

---

[48] NIP, Nr. 6, Text 19, 26.10.1933: „Das unpolitische Denken der Deutschen", Bl. 2.
[49] Vgl. NIP Nr. 6, Text 4 (o.D.), „Die Hitlerbewegung bekennt sich zum alten preußischen Staatsgedanken Friedrichs des Zweiten, nicht zum Staatsgedanken vom Steins".
[50] NIP, Nr. 6, Text 2, 17.4.1934: „Die deutsche Revolution 1933", Bl. 5.; vgl. auch oben Anm. 45.

inneren Verzicht auf das Idealpostulat der Bürgerlichkeit kann niemand von ihm fordern."[51]

Daraus folgerte er kurz und bündig: „Die Bürgerfreiheit kann im deutschen Volke demnach nur erstehen auf dem Wege über den autoritären totalen Staat."[52] Dennoch sind in seinen Augen nicht Demokratiedefizite oder der Partikularismus in erster Linie für den ‚deutschen Sonderweg' von fehlender Bürgerfreiheit und Demokratie verantwortlich. Sein Fazit klingt, zumindest aus dem Munde eines katholischen Priesters, erstaunlich: „Zum anderen hemmte die Gewöhnung der Gläubigen an die Priesterherrschaft in der Kirche mächtig das Erwachen einer bürgerlichen, wirtschaftlichen u. sozialen Freiheitsbewegung. Alle autokratischen, absolutistischen Herrscher schlossen deshalb ein Konkordat mit der katholischen Kirche". Er verweist hier auf Napoleon I., Mussolini und Hitler, um dann mit der für einen katholischen Kleriker überraschenden Feststellung zu schließen: „Alle sozialen Reaktionäre sehen in der geistigen Grundhaltung des katholischen Klerus […] eine grundsätzliche Billigung ihrer Bestrebungen."[53]

Dem am 20. Juli 1933 abgeschlossenen Konkordat zwischen dem Heiligen Stuhl und dem Deutschen Reich steht er wohlwollend gegenüber, da durch diesen Vertrag der Kirche „jede Möglichkeit genommen" sei, „ konfessionelle Politik zu treiben, die widernatürlich" sei.[54] Allerdings spart er im Zusammenhang mit dem Konkordat nicht mit Kritik an der Amtskirche in Rom und dem politischen Katholizismus in Deutschland: „Das Konkordat von 1933 brachte die Vernichtung allen politischen Katholizismus in Deutschland. Er hatte sich selbst das Grab geschaufelt. Nun gab Rom ihn preis. Darob verfiel der statisch eingestellte Klerus in geistige Hilflosigkeit gegenüber der gewaltigen Dynamik des

---

[51] NIP, Nr. 6, Text 2: „Die deutsche Revolution 1933", 17.4.1934, Bl. 6.
[52] NIP, Nr. 6, Text 2, Bl. 5.
[53] NIP, Nr. 6, Text 19, Bl. 5.
[54] Ebd., Bl. 5.

N.S."[55] Auch die Zentrumspartei müsse „sich beschränken auf
die Einhaltung [...] rein kirchlicher Forderungen",[56] also auf ge-
nuin politische Arbeit freiwillig verzichten. Pieper bejahte diese
„Überbrückung der konfessionellen Gegensätze" durch den autoritären Staat „unter Zurückweisung der Kirchen".[57]

Nach diesen Seitenhieben auf die wenig geliebte Amtskirche
befinden sich in dem Aktenkonvolut der Jahre 1933/34 noch einige Texte, die das für Pieper Übliche enthalten: Abwertende
Bemerkungen über den bolschewistischen Klassenkampf, ‚wi-
dernatürliche' konfessionelle Interessen- und partikularistische
Parteipolitik. Alle diese Arten der politischen Auseinandersetzung lehnt Pieper ab, da sie dem großen Ziel entgegenstehen, das
ihm seit Jahrzehnten vorschwebt: Der „Stärkung des nationalen
Staatsgedankens u. Staatswillens einer Staats-Volkspersönlichkeit"[58] – was auch immer das konkret sein mag.

Häufig findet sich der Appell an den Leser und die anderen
Parteien, diesen ersehnten Idealzustand anzustreben, „nicht in
gedanklicher Diskussion, sondern in lebensfruchtbarer Verwirklichung [...] unter Führung durch die nat. soz. Staatsregierung"[59].

---

[55] NIP, Nr. 21, Text 21, 16.8.1934: „Warum wurde die Gladbacher Richtung u.
ich selbst vom Integralismus oder Klerikalismus bitter bekämpft u. vom
Klerus kaltgestellt?"
[56] NIP, Nr. 6, Text 23, Bl. 2.
[57] NIP, Nr. 6, Text 7, II, 21. 6. 1933, „Zur Würdigung der innenpolitischen
Ziele des autoritären totalen Staates", Bl. 1f.
[58] NIP, Nr. 6, Text 21, 28.4.1934: „Die dringlichste Lebensaufgabe".
[59] NIP, Nr. 6, Text 15, 18.8.1933, Bl. 4. Vgl. auch ähnliche Appelle in Text 12,
27.5.1933, Bl. 7: „Dieses neue Werk der Nationwerdung der Deutschen zu
verwirklichen ist Pflicht aller deutschen Staatsbürger. Alle müssen mitwirken, denn Nation wird ein Volk." Vgl. weiterhin Text 23, (o.D.), Bl. 6.

Dr. August Pieper (1866-1942)
Stadtarchiv Mönchengladbach 10-40249

3. ZU PIEPERS SCHRIFTEN
AUS DER ZWEITEN HÄLFTE DER 30ER JAHRE

Was oben für die Lektüre von Piepers Büchern und Aufsätzen
aus den 20er Jahren sowie über die frühen, unmittelbar nach der
‚Machtergreifung' verfassten Schriften gesagt wurde, gilt auch
für die Manuskripte aus der zweiten Hälfte der 30er Jahre.[60] Es
kommt zu zahlreichen Wiederholungen, die immer wieder um
die Erneuerung und Vertiefung der Volksgemeinschaft durch
den NS kreisen. Dabei fällt jedoch auf, dass August Pieper noch
häufiger als um die Mitte der 30er Jahre auf eigene Schriften verweist, um seine Vorreiterrolle für das, was er in der NS-
Volksgemeinschaft zu erkennen glaubt, hervorzuheben. Selbst bei
Ausführungen über Houston Stewart Chamberlains antikirchli-
ches Buch ‚Die Grundlagen des 19. Jahrhunderts' weist er auf die
„von Anton Heinen und August Pieper auf das Volkstumsgewis-
sen gegründete gestaltende Volksbildungsbewegung" hin (Nr. 7,
Bl. 29)[61] und bedauert, dass die katholische Kirche Chamberlains
Buch auf den Index gesetzt habe, ohne sich mit den dort propa-
gierten Einsichten auseinanderzusetzen.[62]

---

[60] NIP, Nr. 7 und Nr. 17, Bd. 1 u. 2.

[61] Vgl. auch NIP, Nr. 7, Bl. 36 (o.D.), wo er darauf besteht, dass „auch Anton
Heinen und August Pieper die Erfahrung in ihrer an die Lebenswahrheiten
gerichteten gestaltenden Volksbildungsarbeit" gemacht hätten, „daß dem
Klerus die zu deren Verständnis erforderten Denkkategorien fehlen".

[62] Zu Piepers Interpretation und Rezeption von Chamberlains Werk siehe
NIP 17, Bd. I, Bl. 13 (12.11.1937): „Bemerkenswert ist die Erklärung Rosen-
bergs vom 22.11. 36: Die deutsche Volkserneuerung sei das Werk nicht der
metaphysischen (theoretischen?) Spekulation, sondern der germanischen
Wertlehre. Diese fordere den Lebenswillen zur Ehre, Treue, Tapferkeit. [...]
Diese neue exakte Wissenschaft entwickele eine neue biologische und sozio-
logische Weltauffassung in der Rassenpsychologie. Diese werde den Bolschewismus überwinden. [...] Ich sehe darin eine grundsätzliche Übereinstimmung mit meiner erkenntniskritischen Unterscheidung der Lebenswahrheiten von den logischen Wahrheiten." – Vgl. auch M. DUST, Unser Ja
(wie Anm. 13), der auf S. 534, Anm. 36, Pieper wie folgt zitiert: „Zu seiner
‚Bibel' erhob der Nat. Soz. Chamberlain, Die Grundlagen des 19. Jahrhun-

Auch bei der Wiederholung seiner sozialdarwinistischen Sicht der Politik versucht er mit einem Zitat aus der von ihm herausgegebenen „Führer-Korrespondenz" des Volksvereins seine frühe, ‚richtige' Sicht der Dinge zu belegen: „Wer Freiheit nicht kann, verfällt der Beherrschung durch andere."[63] Er selbst habe der Jugend „schon vor [!] 1933" gesagt: „Vertretet Eure u. meine Ideen von Volksgemeinschaft u. Nation mit dem Sprachgebrauch der nat. soz. Partei, da beide dem lebendigen Volkstum und dessen Entwicklungsrichtungen entnommen sind." In diesem Sinne habe er „bei Aufnahmewilligen von 1933 an" gewirkt.[64] Er hielt wiederholt fest, die Jugend angehalten zu haben, „recht viel Gutes vom Dritten Reich zustande"[65] zu bringen, und etwas drastisch formulierte er anlässlich seines 70. Geburtstages am 14. März 1936 im Ketteler-Haus in Köln: „Wer dieser als stark erwiesenen nationalsozialistischen Regierung, vor

---

derts. Die Katholiken sollten sich dessen aus Natur und deutschem Geistesgut gewonnene Einsichten zu eigen machen. […] Der Wille ist angewiesen auf die angeborenen Anlagen. Deren ganzes Gefüge nennt der Nat. Soz. Rasse, Blut und Boden(ständigkeit). Alles das erinnert an das Wort Christi: Ein guter Mensch bringt Gutes hervor aus dem guten Schatze seines Herzens (Luk. 6,35)."

[63] NIP, Nr. 7, 7.6.1939, Bl. 11.

[64] Ebd., Bl. 44f. (23.11.1936): „Zur Frage: Wie gewinnt der kath. Klerus ein positives, fruchtbares Verhältnis zum NS?"

[65] Vgl. z.B. NIP Nr. 17, Bd. I, Bl. 17 (12.11.1937); A. Pieper an Stegerwald, 5.6.1940: ACDP, Nl. Stegerwald 011/2, Bl. 2: „Deshalb sagte ich jedem jungen Menschen seit 1933, der mich frug: Was sollen wir tun? Die Worte: „Helfen Sie von Ihrem Berufe aus mit, daß recht viel Gutes aus der völkischen Bewegung entsteht, das ist Ihre deutsche Pflicht." – In dieser hier von Pieper gewünschten Einstellung, junge Deutsche sollten von sich aus ‚dem Führer entgegen arbeiten', sehen einige Historiker einen wesentlichen Schlüssel zum Verständnis von nationalsozialistischer Herrschaftstechnik und Führerbindung: vgl. Ian KERSHAW, Hitler 1889 – 1936, Stuttgart 1998, S. 665-744; Volker ULLRICH, Adolf Hitler. Biographie. Bd. 1: Die Jahre des Aufstiegs 1989-1939, Frankfurt a.M. 2013, S. 627-658.; Michael WILDT, Volksgemeinschaft als Selbstermächtigung: Gewalt gegen Juden in der deutschen Provinz 1919 bis 1939, Hamburg 2007.

welcher alle übrigen Parteien ins Mauseloch flüchteten, in die Suppe spuckt oder Knüppel zwischen die Beine wirft, der handelt als Verräter an seinem notleidenden Volke".[66] Fast wörtlich das Gleiche formulierte er am 7.6.1939, wobei er noch hinzufügte, dass solche „Verräter" seine Schriften über Volksgemeinschaft und Nation nicht verstanden hätten.[67] An der NS-Weltanschauung lobte er 1936 „die vitalen Lebenserneuerungskräfte: Rasse, Blut, Boden, Geschichte".[68] Hier finden sich dann auch jene Zitate, die der katholische Publizist Emil Ritter später aus Piepers Manuskripten übernahm, um zu belegen, dass er nicht der einzige führende Katholik war, der nach 1933 nationalsozialistisches Gedankengut übernommen und verbreitet hatte.[69]

Die inzwischen auch von Pieper nicht mehr zu übersehenden Aktionen gegen die Kirchen, sei es in der Schul- und Jugendpolitik, sei es bei der gerichtlichen Verfolgung katholischer Priester und Laien oder der Zwangsauflösung von Klöstern, versuchte er wie schon in früheren Schriften mit „Mißgriffen und Unterlassungen der Vertreter der Kirchen" zu entschuldigen.[70]

Nach dieser knappen Übersicht über in Piepers Augen wichtige Ereignisse und Entwicklungen sowie deren Interpretation durch ihn muss hier jedoch noch auf einen Aspekt hingewiesen werden, der schon bei seinen Manuskripten der Jahre 1933/34 ins Auge sprang: Mit keinem Wort geht Pieper auf die Gewalt gegen Juden und andere gemäß NS-Ideologie nicht zur ‚Volksgemeinschaft' gehörende Gruppen ein. Die Unterdrückungsmaßnahmen gegen politische Parteien, Parlamente, Gewerkschaften, die Pres-

---

[66] Zit. nach H. HEITZER, Pieper (wie Anm. 16), S. 131.

[67] NIP, Nr. 7, 7.6.1939, Bl. 12.

[68] Ebd., Bl. 75 (20.11.1936); vgl. auch die Erläuterungen ebd., Bl. 75ff. sowie die erneute Erwähnung von A. Heinen u. A. Pieper in diesem Zusammenhang: ebd., Bl. 89.

[69] Vgl. M. DUST, Unser Ja (wie Anm. 13), S. 532-534.

[70] NIP, Nr. 7, 6.6.1939, Bl. 24. – Diese Sicht wird auch in den weiter unten geschilderten Kapiteln über Piepers Ansichten über den Zweiten Weltkrieg sowie über die Beziehungen zwischen Pieper, Eßer und Stegerwald eine Rolle spielen.

se und Kirchen wurden von ihm zumindest erwähnt, auch wenn er sie angesichts des von ihm als zwingend notwendig erachteten Aufbaus von Staatsnation und Volksgemeinschaft verteidigte und guthieß.

Soweit ich sehen kann, hat er aber nur an einer einzigen Stelle rassistisch-antisemitische Formulierungen benutzt, als er formulierte:

„Man versteht aber den tiefsten Lebenswillen des völkischen N. Sozialismus erst in der Vorbetonung seiner Förderung einer rassenmäßig arteigenen Weltanschauung als Philosophie und ebenso arteigenen arischen Religion. [...] Diese bedeutet ein Ausräumen der artfremden Geistesrichtungen, die ihr geschichtliches Zentrum haben in ‚Juda, Moskau, Rom'."[71]

A. Pieper hatte Chamberlains Schriften „Die Grundlagen" sowie „Arische Weltanschauung" schon früher gelesen, aber nach eigenem Bekenntnis damals „nicht verstanden". Erst die erneute Lektüre habe ihm klar gemacht, „warum so viele junge Menschen [...] sich inbrünstig für ein [...] ‚deutsches Christentum' mit einem ‚deutschen Gotte' begeisterten."[72] Trotz dieses späten Bekenntnisses zu einem auch rassistisch begründeten Antisemitismus bleibt es auffällig, dass Piper die überhaupt nicht zu übersehende wirtschaftliche, soziale, politische und körperliche Gewalt gegen Juden mit keinem Wort erwähnt, auch wenn über die Ur-

---

[71] NIP, Nr. 17, Bd. I, Text Nr. 10, Bl. 18 (12.11.1937). – Hier wandelt er offensichtlich die Formulierung von Houston Stewart CHAMBERLAIN „Hellas, Rom, Judäa" aus dessen rassistischem und antisemitischem Buch *Die Grundlagen des Neunzehnten Jahrhunderts* (1899), 15. ungekürzte Volksausgabe, München 1932, S. 50, ab. Auf diesen bezog sich wiederum „Hitlers Chefideologe" Alfred ROSENBERG in seinem berüchtigten Buch *Der Mythus des 20. Jahrhunderts* (1930), in welchem er „Hellas, Juda, Rom" als kulturzerstörerische Kräfte bezeichnete. Chamberlain und Rosenberg beeinflussten wiederum nachweisbar Hitlers Sicht von Judentum, Kirche und Religion: vgl. Ernst PIPER, Alfred Rosenberg: Hitlers Chefideologe, München 2005.
[72] NIP, Nr. 17, Bd. I, Bl. 17ff.

sache für diesen „blinden Fleck" nur spekuliert werden kann.[73] Dennoch bleibt Michael Wildts Feststellung über den Zusammenhang von ‚Volksgemeinschaft' und Antisemitismus richtig, wenn er schreibt, dass die „untrennbare Verbindung von Antisemitismus und nationalsozialistischer ‚Volksgemeinschaft'" beinhalte, „dass all diejenigen, die mit dem Inklusionsversprechen der Nationalsozialisten übereinstimmten und sich vor allem nach 1933 von der Volksgemeinschaftspropaganda des NS-Regimes angesprochen fühlten, zugleich die antisemitische Exklusion bewusst oder unbewusst übernahmen, selbst wenn sie ursprünglich keine Antisemiten gewesen sein mochten."[74]

4. Eine Zusammenfassung
von Piepers Weltanschauung kurz vor seinem Tode: Das Manuskript „Der Sinn des Krieges 1940 -"[75]

Während wir bisher ausschließlich Manuskripte Piepers zu ideologischen, innen- und kirchenpolitischen Fragen dargestellt haben, soll in diesem Kapitel ein längeres Manuskript untersucht werden, das er nach dem Einfall der Wehrmacht in die Sowjet-

---

[73] Noch 1931 hatte er sich klarsichtig gegen den „blöden antisemitischen Fanatismus" und seine Instrumentalisierung durch die NSDAP gewandt: „Der Rasseninstinkt ist leicht wild zu machen; mit ihm kann man die dumpfe Masse berauschen." [A. P.] Der Rechtsradikalismus der Nationalsozialisten, in: Führer-Korrespondenz. 44. Jg. (1931), S. 19-27, Zit. S. 24, 25. Uwe Mazura, Zentrumspartei und Judenfrage 1870/71-1933. Verfassungsstaat und Minderheitenschutz, Mainz 1994, S.70, gibt als Quelle eine undatierte Schrift Piepers „um 1932" im Bundesarchiv Potsdam an: ebd., Anm. 74.
[74] Michael Wildt, ‚Volksgemeinschaft' - eine Zwischenbilanz, in: Dietmar von Reeken, Malte Thießen Hg., ‚Volksgemeinschaft' als soziale Praxis. Neue Forschungen zur NS-Gesellschaft vor Ort, Paderborn u.a. 2013, S. 355-369, hier S. 362.
[75] NIP, Nr. 19, o.D., [1941/42: Da er den Krieg gegen die Sowjetunion erwähnt, muss das Manuskript nach dem 22.6.1941 entstanden sein.] - Vgl. den Teilabdruck dieses Textes im →Anhang, Nr. 7.

union vom 22. Juni 1941 verfasst hat und in welchem er sich auch mit außenpolitischen Fragen auseinandersetzt.

Schon in der Überschrift wird deutlich, dass für Pieper der Zweite Weltkrieg erst 1940 angefangen hat: Der deutsche Überfall auf Polen (1939) ist für ihn offensichtlich nicht der Rede wert, aus welchen Gründen auch immer.

Schon im hier zitierten ersten Absatz wird seine Absicht deutlich, die Alliierten – und nicht Nazi-Deutschland – als Kriegstreiber hinzustellen: „England und USA führen den Krieg unter der Losung: Gegen den Nationalsozialismus und Faszismus, die Bändiger der Selbstherrschaft des Kapitalismus. Das bolschewistische Rußland führt den Krieg gegen N.Sozialismus und Faszismus, die Bändiger des Kommunismus." Dabei ginge es England und den USA „um die wirtschaftliche Weltbeherrschung durch die angelsächsischen Staaten, und dagegen kämpfe Deutschland, das „unter der Herrschaft des Nationalsozialismus eine geschlossene Einheit und eine Schlagkraft der Kriegführung wie niemals zuvor" gewonnen habe (S. 1). Dies sei auch nötig, besonders „gegenüber den Heerscharen des Bolschewismus", der keinen „Eigenbesitz und persönliche Freiheit" dulde. Angesichts dieses Zweifrontenkrieges habe erst der NS damit begonnen, die „notwendigen Freunde mühsam und geschickt" zu werben (S. 2), während frühere deutsche Regierungen keine realpolitische Bündnispolitik betrieben hätten.[76]

Nur so könne auch in der Außenpolitik „Wert auf unsere Geltung als Nation" gelegt werden, nicht durch „kleinbürgerliche Spießbürgergesinnung", welche der „seelischen Vergemeinschaftung aller deutschen Stämme" im Wege stünde. Dieser Staat sei „die höchste irdische Seinserhöhung zu einer Staatsvolkspersönlichkeit zwecks Aufbringung der Ehre, Größe und Macht des

---

[76] Angesichts der Bündnispartner Deutschlands (das faschistische Italien und das aggressive und autoritär geführte Kaiserreich Japan) sowie der Zusammenarbeit mit faschistischen Regimes wie z.B. in Spanien und Ungarn zeugt diese Behauptung von der damaligen Vorliebe Piepers für autoritäre und militaristische Staaten.

deutschen Volkes zum Schutze und Trutze nach innen und außen", und erst die Hingabe an einen solchen Staat bringe „Eisen
in das Blut und Stahl in die Nerven" (S. 3).

Diese hochgerüstete „Staatsnation als die große Volkserzieherin" sei innenpolitisch ausgestattet mit dem „Charisma der
schöpferischen Bildungsarbeit und Erziehungstätigkeit" (S. 4). So
sei auch der NS-Leitsatz ,Gemeinnutz geht vor Eigennutz' zu
verstehen, denn er ziele auf die „freiwillige seelische Vergemeinschaftung", während die „kapitalistische Wirtschaftsgesinnung"
der Weimarer Republik die „gemeinschaftsbildenden Kräfte der
Treue und Güte" zerstört habe (S. 5). Daher sei „staatliche
Zwangserziehung" nötig gewesen, da auch die katholische Geistlichkeit und der Volksverein – natürlich erst nach Piepers Aus-
scheiden aus dem Vorstand 1928, wie er ausdrücklich betont –
sich gegen echt nationale und soziale Vorstellungen gestellt hätten: „Diese Animosität der Geistlichen gegen den unkirchlichen
Nationalsozialismus hat dieser beantwortet mit der ebenso animosen Unterdrückung jeder politischen Betätigung des Klerus"
(S. 7).[77] Erst weil die katholische Kirche die Erweisung des
„Treuedienstes und Gütedienstes des Glücks der Volksgemeinschaft" durch den NS nicht akzeptierte, wurde dieser gezwun-
gen, „der scharfe, unversöhnliche Gegner des Katholizismus" zu
sein (S. 9).

Aber „nur autoritär geleitete nationale Staaten" hätten „gegen
den Einbruch des russischen autoritär geleiteten Bolschewismus
in West-Europa" erfolgreich Widerstand leisten können, nur die
„Frontsoldaten" und Wehrverbände hätten nach 1918 den „autoritären sozialistischen proletarischen Parteien in Deutschland und
der Weltpropaganda des Bolschewismus Halt gebieten kön-

---

[77] Weiter unten (Bl. 11) wiederholt er diesen Gedanken: „Die Kirchen dürfen
sich nicht darüber wundern, daß in solchen Zeiten eines totalen Umbruches
von Wirtschaft und Staat die ernsten Reformparteien den Kirchen ihr Vertrauen entziehen, wenn die Vertreter der Kirchen die Reformen kurzweg
bekämpfen."

nen".[78] Dagegen habe er selbst die „hundertprozentige, in Bausch
und Bogen vollzogene Gegnerschaft des Klerus und der alten
politischen Parteien gegen die nat.soz. Partei" schon vor 1933 für
„den raschen Aufschwung des Nationalsozialismus" verantwortlich gemacht" (S. 10). Zentrum, SPD und bürgerliche Parteien
hätten lediglich Interessenpolitik für ihre jeweiligen Wählergrup-
pen gemacht, während „die Zentralforderung des N. Soz. ‚Gemeinnutz geht vor Eigennutz' dem ganzen Volke dienen würde
(S. 11).

Dann fasst er seine Einsichten und Forderungen zusammen:
Neben den schon öfter genannten Punkten „Groß-Staatspolitik"
und „Aufbau einer Staatsvolkfamilie" fordert er, die Deutschen
sollten sich „nicht mit einem vollen Siege in diesem Kriege" begnügen (S. 12) und hält ihnen ein größeres Ziel vor Augen:

„Den großen Sinn dieser meiner Forderung könnt Ihr Euch
nur einprägen, wenn Ihr in echter gottgläubiger Gesinnung
den letzten Sinn der vom deutschen Volke in diesem neuen
Weltkriege geforderten furchtbaren Opfer darin sehet, daß Ihr
durch diese Euch mannhaft erziehet zu der adligen Gesinnung
der Träger der deutschen Nation[79], die zusammen mit der ita-

---

[78] Anders als Hitler, zählte Pieper nur USPD und KPD, nicht aber die MSPD
zu den „bolschewistischen" Parteien in Deutschland.

[79] Schon in seinem Buch ‚Der Staatsgedanke der deutschen Nation' aus dem
Jahre 1928 hatte sich Pieper als Anhänger des bereits damals weit verbreite-
ten Geschlechterdualismus gezeigt, wobei er Männern heroische Werte wie
Mut, Tapferkeit, Opfer- und Kampfbereitschaft zuschrieb. Mit „Eisen im
Blut" und „Stahl in den Nerven" sollten sie bereit sein, „für die nationale
Ehre und Freiheit" zu sterben, während „mütterliche Vaterlandsliebe" in
seinen Augen nicht die Robustheit der „väterlichen Kraft des starken natio-
nalen Staatsgedankens" erreichen konnte (ebd., S. 110f.). Noch schärfer –
und unsinniger – formulierte er im Jahre 1930: „Doch verfällt das deutsche
Geistesgut der Verweiblichung als Entmannung, wenn nicht als sein heroi-
scher Einschlag die in der mit dem harten Schicksale ringende Staatsnation
verwirklichte höhere Menschwerdung gepflegt wird." August PIEPER, Das
Schicksal des Staatsgedankens der deutschen Nation, in: Führer-
Korrespondenz 43. Jg. (1930), S. 12-19, hier S. 14. – Vgl. zu diesem Problem

lienischen Nation von Gott berufen ist, zu einer menschenwürdigen neuen Ordnung in Europa" (S. 13).

Die Realisierung dieser „menschenwürdigen neuen Ordnung in
Europa" durch das nationalsozialistische Deutschland und dessen Verbündete blieb Pieper – und uns – erspart, denn er starb
am 25. September 1942.

An dieser Stelle kann man also festhalten, dass sich August
Pieper auch noch kurz vor einem Tode wie in seinen zahlreichen
vorher verfassten unveröffentlichten Manuskripten mit den in-
nen-, gesellschafts- und außenpolitischen Zielen und Methoden
der nationalsozialistischen Politik – wenn man von der von ihm
nicht erwähnten Politik gegen die Juden absieht – identifizierte.
Er gehörte damit zu jener gar nicht kleinen Gruppe von katholischen Deutschen, die hofften, die „antagonistische Kooperation"
(Winfried Süß) zwischen ihrer Kirche und dem nationalsozialistischen Staat angesichts des Krieges mehr und mehr zu einer kon-
fliktarmen Koexistenz entwickeln zu können, wobei er an der
grundsätzlichen Legitimität, ja vermeintlichen Notwendigkeit,
des deutschen Angriffskrieges auf die Sowjetunion keinerlei
Zweifel hegte.

Neben den hier kurz zusammengefassten Manuskripten enthält der Nachlass Piepers auch noch eine Reihe von Briefen aus
der Korrespondenz, die er besonders mit Persönlichkeiten des
politischen Katholizismus aus der Zeit der Weimarer Republik
unterhielt. Aus diesen habe ich die Korrespondenz zwischen A.
Pieper, Thomas Eßer[80] und Adam Stegerwald[81] ausgewählt, weil

Olaf BLASCHKE, „Wenn irgendeine Geschichtszeit, so ist die unsere eine
Männerzeit." Konfessionsgeschlechtliche Zuschreibungen und Nationalsozialismus, in: Manfred Gailus, Armin Nolzen, Hg., Zerstrittene „Volksgemeinschaft". Glaube, Konfession und Religion im Nationalsozialismus,
Göttingen 2011, S. 34-65.
[80] Zu Eßers Kontakten mit Stegerwald vgl. Reinhold K. WEITZ, Thomas Eßer
– ein Zentrumspolitiker und das Dritte Reich, in: Verein der Geschichts- und
Heimatfreunde des Kreises Euskirchen e.V., Hg., Geschichte im Kreis Euskirchen, 1. Jg. (1987), S. 6-68, bes. S. 26-43.

sie wohl seine politisch interessantesten und einflussreichsten
Briefpartner dieser Zeit waren.

5. ZUR KORRESPONDENZ PIEPERS
MIT ADAM STEGERWALD UND THOMAS EßER

Nach dem Umzug Piepers von Mönchengladbach nach Paderborn im Jahre 1939 war es noch stiller geworden um den kranken
alten Mann, der seine Wohnung kaum noch verlassen konnte.
Soweit dies heute noch rekonstruierbar ist, lief ein Großteil seiner
Kontakte mit der Außenwelt über die handschriftliche Korrespondenz, die er mit ehemaligen Mitstreitern aus dem rheinischen
politischen Katholizismus unterhielt. Seine wichtigsten Briefpartner jener Zeit waren der frühere christliche Gewerkschaftsführer,
Reichs- und Staatsminister sowie preußische Ministerpräsident
Adam Stegerwald und der ehemalige stellvertretende Reichs-
tagspräsident Thomas Eßer.

Eßer lebte zurückgezogen in Euskirchen, nachdem die Nazis
ihn bald nach der „Machtergreifung" in ‚Schutzhaft' genommen
und auch anderweitig juristisch belangt hatten. Ähnlich wie Pieper hatte er nach den erdrutschartigen Wahlerfolgenden der
NSDAP im September 1930 innerhalb des Zentrums dafür plä-
diert, die Nazis durch Einbindung und Beteiligung an der Regie-
rungsverantwortung zu domestizieren.[82] Gegen Ende der 30er

---

[81] Zu Stegerwalds Korrespondenz mit Eßer und Pieper vgl. Bernhard FORS-
TER, Adam Stegerwald (1874-1945). Christlich-nationaler Gewerkschafter,
Zentrumspolitiker, Mitbegründer der Unionsparteien, Düsseldorf 2003, S.
611-618; Helmut J. SCHORR, Adam Stegerwald. Gewerkschaftler und Politiker der ersten deutschen Republik. Ein Beitrag zur Geschichte der christlich-
sozialen Bewegung in Deutschland, Recklinghausen 1966, S. 269-281.
[82] Vgl. R. K. WEITZ, Eßer (wie Anm. 80), S. 10-22. – Wie Pieper war auch er
der Meinung, dass die Doppelstrategie des Zentrums vom Arrangement mit
dem politischen Gegner bei Beibehaltung der eigenen Prinzipien schon im
Kulturkampf gegen den Liberalismus und in der Revolution von 1918/19
gegen den Sozialismus erfolgreich gewesen sei. Daher könne diese Taktik zu

Jahre korrespondierte Eßer ausführlich mit Stegerwald, aber auch mit süddeutschen Zentrumspolitikern, die ebenso wie er selbst über die Ansichten Stegerwalds „zum Verhältnis von Staat, Kirche und Gewerkschaften konsterniert"[83] waren. In diese kontroverse Diskussion innerhalb des Zentrums gehört auch die Korrespondenz zwischen Pieper, Stegerwald und Eßer aus den Jahren 1941/42.[84]

Konkret ging es bei dieser Auseinandersetzung um das Problem, wie weit die katholische Kirche dem Nationalsozialismus entgegenkommen – oder entgegentreten – solle bei der Neugestaltung des Verhältnisses von Kirche und Staat.[85] Eßer glaubte, dass Stegerwald den Nazis dieses Feld praktisch kampflos überlasse und dabei prinzipienlos Positionen des politischen Katholizismus räume, zumal dieser ihm im Sommer 1940 eröffnet hatte, dass er selbst inzwischen trotz einiger Einwände insgesamt „positiv zum gegenwärtigen Staat eingestellt" sei.[86] Nach einer längeren Korrespondenz mit Stegerwald teilte Eßer Pieper mit, er habe „den Briefwechsel mit Adam Stegerwald [...] abgebrochen, weil er unfruchtbar war". An eine „Wiederannäherung" könne er nicht mehr glauben, und er legte Pieper noch einmal seinen „richtigen Standpunkt" dar: „In würdiger Zurückhaltung dem jetzi-

---

Anfang der 1930er Jahre auch beim NS erfolgversprechend angewendet werden. Vgl. auch oben Anm. 34.

[83] R. K. WEITZ, Eßer (wie Anm. 80), S. 38. – Nach Stegerwalds Brief an Eßer vom 18.2.1941 sollte ihr Briefwechsel ein Gedankenaustausch über die „Grundeinstellung zu Volk, Nation und Staat" sein: zit. EBD., S. 39.

[84] Eßers Briefe an Pieper befinden sich in NlP, Nr. 81, Stegerwalds Briefe an Pieper in NlP, Nr. 176. – Wenn nicht anders angegeben, wird im Folgenden nach diesen beiden Akten zitiert.

[85] Dieses und weitere damit zusammenhängende Probleme wurden damals in diversen Zirkeln national eingestellter deutscher und österreichischer Theologen diskutiert: vgl. Lucia SCHERZBERG, Das kirchenreformerische Programm pro-nationalsozialistischer Theologen, in: dies., Hg., Theologie und Vergangenheitsbewältigung. Eine kritische Bestandsaufnahme im interdisziplinären Vergleich, Paderborn u.a. 2005, S. 56-70.

[86] Stegerwald an Eßer, 10.7.1940, zit. nach B. FORSTER, Stegerwald (wie Anm. 81), S. 611.

gen Staate und seiner Führung geben, was ihnen zukommt, aber keineswegs [...] in geißlerischer Selbstkritik alles verdammen, was uns früher heilig war und bei dem wir selbst mitgearbeitet haben."[87] Stegerwald würde ein „Scherbengericht" über die Zentrumspolitik der Vergangenheit halten und seine früheren Positionen „würdelos" verraten.[88] „Sowohl in weltpolitischer als auch in kirchenpolitischer Hinsicht" könne er seinen ehemaligen Parteifreund daher nicht mehr verstehen.[89] Er habe mit Stegerwald verabredet, gemeinsam Pieper in Paderborn zu besuchen, um „ in eingehender Beratung mit [Pieper] eine gemeinsame Basis für unsere politischen Erinnerungen zu finden"[90].

Stegerwald sah die Dinge anders. Er teilte Eßer unverblümt mit, dass dieser mit A. Pieper, dessen Meinungen über den NS-Staat und die katholische Kirche er kannte, „über das Wetter plaudern" könne, aber ansonsten wusste er Pieper auf seiner Seite. Offensichtlich hatten die beiden ehemaligen Zentrumspolitiker bei ihren schriftlichen und mündlichen Kontakten – Stegerwald hatte den kranken Pieper z.B. 1938 in Mönchengladbach mehrfach besucht – eine Reihe von Übereinstimmungen in ihrer Einschätzung der außen- und kirchenpolitischen Lage, der Natur des Nationalsozialismus und des Verhältnisses von katholischer Kirche und nationalsozialistischem Staat festgestellt.[91] Beide begrüßten den „Anschluss" Österreichs und die aggressive Politik Hitlers in der Sudetenkrise des Jahres 1938. Auch in der Einschätzung des anfänglich erfolgreichen Krieges, in welchem sie eine berechtigte Revision des ‚Versailler Diktates' sahen, sowie des erwarteten Sieges, welcher den Einfluss von England und Frankreich in Kontinentaleuropa zugunsten des Großdeutschen Reiches zurückschneiden würde, stimmten beide überein. Gerade angesichts der außenpolitischen Erfolge des Jahres 1938 warf

---

[87] Eßer an Pieper, 19.5.1941.
[88] Eßer an Pieper, 17.6.1941.
[89] Eßer an Pieper, 1.2.1941.
[90] Eßer an Pieper, 13.3.1941.
[91] Vgl. zum Folgenden B. FORSTER, Stegerwald (wie Anm. 81), S. 611-618.

Stegerwald den deutschen Bischöfen unkluges Verhalten gegenüber dem NS vor, zumal er, genau wie Pieper, seit dem Gewerk-
schafts- und Integralismusstreit vor dem Ersten Weltkrieg ein
tiefsitzendes Misstrauen gegen die politische Betätigung des
deutschen Episkopats hegte und eine stärkere Berücksichtigung
von Laien auch bei innerkirchlichen Entscheidungsprozessen
befürwortete. Da Pieper seit 1939 in Paderborn lebte, forderte
Stegerwald seinen Freund mehrfach auf, Stegerwalds Vorschläge
für eine Neujustierung des Verhältnisses zwischen katholischer
Kirche und NS-Staat zunächst an die Fuldaer Bischofskonferenz,
ab Herbst 1941 an den neuen Erzbischof von Paderborn Lorenz
Jaeger, weiterzuleiten, wobei es allerdings punktuell zu unterschiedlichen Beurteilungen der Lage gekommen zu sein scheint.

Dennoch stimmten Stegerwald und Pieper in der Einschätzung der kirchenpolitischen Situation in Deutschland im Zeitraum 1938-1942 insgesamt weitestgehend überein.[92] Stegerwald
konzedierte zwar, dass „das religiöse Erziehungsmonopol der
Kirche in Gefahr" sei, aber die katholische Amtskirche – und da
rannte er bei Pieper offene Türen ein – trage daran ein gerütteltes
Maß an Schuld. Sie könne mehr Einfluss auch im „totalitären
Staat" gewinnen, „wenn die Kirche das deutsche nationale Ein-
heitsstreben, das bei Gott allen anderen Großvölkern bereits Realität ist, begreift und sich in dieses Streben politisch einschaltet.
Daß sie das bei den einmaligen Vorgängen von 1938 nicht getan
hat, war ein großes Versäumnis und hat sich bereits in den letzten Jahren verhängnisvoll ausgewirkt."[93] Auf diesen wunden
Punkt kam er in seiner Korrespondenz mit Pieper immer wieder
zurück. In seinem Exposé vom Juni 1940 verurteilte er die Stel-

---

[92] So formulierte Stegerwald z.B. in einem Briefentwurf (o.D., wahrscheinlich
1941/42): „Pieper steht 150 % auf meinem Standpunkt – er geht weiter als
ich – und sagt, die gegenwärtigen Auseinandersetzungen müssen auch im
Interesse der Läuterung und Bewährung der Kirche bis zum bitteren Ende
ausgetragen werden, sonst kämen wir nie aus Halbheiten heraus." ACDP,
Nl Stegerwald 011/2, Nr. 1199, Bl. 6.
[93] Stegerwald an Pieper, 15.3.1941.

lungnahme der Fuldaer Bischofskonferenz als „schärfste[n] Hirtenbrief, der jemals von deutschen Bischöfen zur Verlesung auf deutschen Kanzeln herausgegeben worden ist"[94]. Dadurch sei „die letzte innenpolitische Bremse gegen die kulturpolitischen Radikalinskys [in der NSDAP; WN] zerbrochen" worden, und die Schuld an diesem Dilemma sah er eindeutig bei den deutschen Bischöfen: „Deutschland hat z. Zt. keinen führenden Bischof, der die Kraft besitzt für die Neugestaltung dieser Dinge. Von Laien lassen sich die deutschen Bischöfe nichts sagen. Und so nimmt das Verhängnis seinen Lauf."[95] Auch von Eßers prinzipiellen Bedenken gegen das nazistische Neuheidentum ließ er sich nicht von seinen Überzeugungen abbringen: „Mit statischer Juristerei ist indes in säkularen revolutionären Wendepunkten, großen dynamischen Zeitströmungen und Bewegungen, wie der Nationalsozialismus eine solche darstellt, nicht beizukommen."[96] Wie Pieper ging Stegerwald davon aus, dass Deutschland den Krieg gewinnen würde, und *nach* einem solchen Endsieg würden es die Nazis nicht mehr nötig haben, in irgendeiner Form auf die Kirchen Rücksicht zu nehmen.[97] Daher war Pieper wie Stegerwald der Meinung, die katholische Kirche müsse *während* des Krieges mit dem NS ein für sie akzeptables Abkommen über kirchlich-religiöse Rechte aushandeln, denn Hitler könne „auf der Höhe des Krieges […] daran liegen, daß er eine Handlung der

---

[94] Stegerwald an Pieper, 2.6.1940, in: ACDP, Nachlass Adam Stegerwald, 014/3, Bl. 5 (Hervorhebung im Original).

[95] Ebd., Bl. 6.

[96] Stegerwald an Eßer, Ende 1941, zit. bei H. J. SCHORR, Stegerwald (wie Anm. 81), S. 274.

[97] Stegerwald an Pieper, 17.12.1940. Diese Sicht war zum Teil durchaus richtig, denn z.B. Hitler und Goebbels wollten angesichts des Protests in Teilen der katholischen Bevölkerung gegen den „Klostersturm" und das Euthanasieprogramm weitere Maßnahmen gegen die katholische Kirche vor dem Hintergrund des Krieges gegen die Sowjetunion auf die Zeit nach dem Krieg zurückstellen. Vgl. Wolfgang STÜKEN, Hirten unter Hitler. Die Rolle der Paderborner Erzbischöfe Caspar Klein und Lorenz Jaeger in der NS-Zeit, Essen 1999, S. 132-135.

Hochherzigkeit vollzieht".[98] In diesem Punkt wollte Pieper daher gegenüber den Nazis wahrscheinlich nicht ganz so weit gehen wie Stegerwald, der offensichtlich bereit war, der NS-Führung weiter entgegen zu kommen, da die Vergangenheit gezeigt habe, dass kirchliche Prinzipienreiterei und klerikales Beharren auf früheren Positionen nur negative Folgen gehabt hätten. Zu Piepers 75. Geburtstag gratulierte er diesem und bestärkte ihn in seiner Meinung, er habe schon vor 1933 die richtige Strategie gegen den NS empfohlen, sei aber vom klerikalen Establishment übergangen worden, was sich nun räche:

„Bischöfe und Klerus wollten allmählich von dem lästigen Mahner nichts mehr wissen. Nun kam das Gewitter, gegen das auch von der Kirche keine ausreichenden Vorbereitungen und Vorkehrungen getroffen wurden. Und nun macht alles in hilflosen und resignierten Pessimismus. Der ebenso falsch ist wie das bisher Verabsäumte falsch war."[99]

An Eßer gerichtet formulierte er seinen diesbezüglichen Standpunkt: „Mit bloßer Untätigkeit und mit Ressentiments ist nur eins sicher: daß alles umgekehrt läuft."[100] Da er sich mit Eßer über die

---

[98] Pieper an Stegerwald, o.D., im Zusammenhang mit seinem *„Entwurf einer Erklärung der katholischen Kirchenführung"*, um die ihn Stegerwald gebeten hatte, um diesen dann in überarbeiteter Form dem Paderborner Erzbischof Lorenz Jaeger über Pieper zuzuleiten. Vgl. zum gesamten Vorgang die Korrespondenz zwischen Stegerwald, Pieper und Jaeger in NIP 176 sowie B. FORSTER, Stegerwald (wie Anm. 81), S. 613-618.

[99] Stegerwald an Pieper, 15.3.1941.

[100] Zit. nach SCHORR, Stegerwald (wie Anm. 81), S. 277; SCHORR, ebd., S. 275, ist der Meinung, dass auch Stegerwald glaubte, „die Kirche könnte in einer Zeit größter kriegerischer Anspannung durch Verhandlungen mit der nationalsozialistischen Führung einen unpolitischen Raum eigenständigen Wirkens aushandeln". Das scheint jedoch sowohl Piepers als auch Stegerwalds Position zu beschreiben: vgl. oben Anm. 94 u. 95. Daher ist Schorrs Einschätzung, Piepers „Einfluß auf Stegerwald [sei] als ungünstig" anzusehen, m. E. nicht haltbar. Stegerwald hatte seine Position zum Verhältnis von NS-Staat

Frage des Verhältnisses zum NS entzweit hatte und seine früheren Versuche, den deutschen Bischöfen in deren Augen akzeptable Entwürfe für das angestrebte bessere Zusammenleben von katholischer Kirche und nationalsozialistischem Staat vorzulegen, in den Jahren 1939-40 erfolglos geblieben waren[101], bat Stegerwald Pieper um einen schriftlichen Vorschlag für einen neuen Entwurf zum Verhältnis von Staat und Kirche, den er überarbeiten und dann dem neuen Paderborner Erzbischof Lorenz Jaeger zuleiten wollte.[102] In Piepers Nachlass befindet sich nur ein undatierter, fünf Punkte enthaltender, sehr devoter Entwurf, der an Forderungen lediglich den Punkt der Parität der Katholiken forderte, denn diese wünschten, „in Reich und Gemeinde als gleichberechtigte Bürger und Volksgenossen zugezogen zu werden bei allen Arbeiten für das Gemeinwohl".[103]

In einem ebenfalls undatierten handschriftlichen Exposé im Nachlass Stegerwalds [104]geht Pieper kaum über schon vorher Gesagtes hinaus. Der NS habe, ablesbar an den Wahlergebnissen von 1933, in den Augen der Mehrheit der Deutschen allein die Kraft aufgebracht „zur Verhütung der Herrschaft des Bolschewismus im deutschen Volke". Da „der Klerus sich nachdrücklich gewehrt" habe gegen die Herrschaft des NS, dürfe er „sich nicht

---

und katholischer Kirche offensichtlich schon vor seiner diesbezüglichen Korrespondenz mit Pieper eingenommen.

[101] Vgl. B. FORSTER, Stegerwald (wie Anm. 81), S. 615f.

[102] Stegerwald hielt den gerade ernannten Paderborner Erzbischof auch deshalb für einen geeigneten Ansprechpartner, weil ihm A. Pieper mitgeteilt hatte, der frühere Soldatenseelsorger Jaeger habe „sich bestens eingeführt durch seine Lebendigkeit, Lebensnähe und wahre Offizierstugend in seiner Rede". Die Jugend sei von ihm begeistert, und Jaeger distanziere „sich auch schon von dem geistigen Leerlauf im Klerus". Briefentwurf Stegerwalds, o.D., in: ACDP, Nl Stegerwald, Nr. 1199, Bl. 6.

[103] NlP Nr. 176, o.D. (wahrscheinlich Frühjahr 1942), Punkt 4. – Vgl. den Abdruck dieses „Entwurfs" im →Anhang, Nr. 9, dieses Buches.

[104] „Das Dritte Reich als totalitärer Nationalsozialismus wertet die christlichen Kirchen als private Vereine staatstreuer Bürger. Es untersagt ihnen jede Bekämpfung der vom Reiche betätigten naturalistischen Weltanschauung." ACDP, Nachlass Stegerwald 011/2, o.D. [wahrscheinlich Frühjahr 1942].

darüber wundern, daß nun das Dritte Reich die Kirchen nicht als
öffentliche Mächte" behandele und mit ihnen keine „Freund-
schaftsbündnisse" schlösse. Interessant ist eine vermeintliche
Parallele, die Pieper in der Geschichte des Verhältnisses zwischen
Kirche und Staat in Deutschland zwischen Kaiserreich und Drit-
tem Reich zieht:

„Demgegenüber sollte der Klerus, welcher heute dem Dritten
Reiche die kalte Schulter zeigt, sich erinnern, daß im Kulturkampfe Windthorst in Übereinstimmung mit Papst Leo XIII.
Bismarck zur Einstellung der scharfen Kampfmaßnahmen gegen die Katholische Kirche moralisch zu nötigen suchte
dadurch, daß die Katholiken in den Parlamenten sich unentbehrlich zu machen suchten zur rückhaltlosen Mitarbeit an
der Erfüllung nationaler Lebensnotwendigkeiten."[105]

Die Tatsache, dass Pieper und Stegerwald „bei diesem Vergleich
Bismarck als den Gegner Windthorsts auf eine Ebene mit Hitler
stellte[n], verdeutlicht, von welch unrealistischen Voraussetzun-
gen [sie] ausging[en]."[106]
    Im Anhang an ein weiteres Schreiben vom 13.2.1942 schlug
Pieper für Stegerwalds Exposé für die Bischöfe außerdem noch
vor, die „hunderte von harmlosen Geistlichen und Laien", die
nur aus Unkenntnis der Natur des Nationalsozialismus „Kampf-
methoden" des Kulturkampfes angewendet hätten und daher
nun im Gefängnis wären, zu erwähnen. Es möge der nationalsozialistische Staat diesen Katholiken die Freiheit schenken, da die
Einkerkerung für beträchtliche „Gewisssensbedrängnis" im ka-

---

[105] Dieser Gedanke, dass die Katholiken mit dem NS kooperieren sollten wie
sie das zu Kulturkampfzeiten unter der Führung Windthorsts auch mit dem
Bismarckreich getan hätten, findet sich auch in mehreren Briefen Stegerwalds in den Jahren 1940/41: vgl. B. FORSTER, Stegerwald (wie Anm. 81), S.
614, Anm. 40.
[106] EBD., S. 614.

tholischen Kirchenvolk geführt hätte.[107] Aber selbst diese maßvolle Bitte ging Stegerwald zu weit. Am 2.4.1942 schrieb er daher an Pieper, dass er dessen Vorschlag im Hinblick auf Freilassung katholischer Regimegegner zwecks Vermeidung von Unruhe im katholischen Kirchenvolk nicht folgen könne, wobei dem in Berlin lebenden Stegerwald noch immer beste Verbindungen zu politischen und kirchlichen Kreisen bei seiner Einschätzung der Lage zugutekamen:[108]

„Der Vorschlag hinsichtlich des Aufruhrs wird sich z. Z. nicht realisieren lassen. Ihnen ist anscheinend nicht bekannt, daß, nachdem im August 1938 der bekannte scharfe Hirtenbrief erschienen war, die deutschen Bischöfe allmählig selbst zu der Überzeugung gelangten, daß wieder ein Ausweg gesucht werden müsse. Zu diesem Zweck hat der Präses der deut-

---

[107] „Bekenntnis eines kirchlich denkenden Laien" im Anhang zu Piepers Schreiben an Stegerwald, 13.2.1942, in: ACDP, Nl Stegerwald, 011/2, Bl.1 (vgl. die Textdokumentation im →Anhang, Nr. 8).
[108] Stegerwald an Pieper, 2.4.1942, ACDP, Nl Stegerwald, 011/2. – Seit der Fuldaer Bischofskonferenz vom August 1940 herrschte auch bei den dort anwesenden Bischöfen Uneinigkeit über die den Nazis gegenüber einzuschlagende Taktik. Während der Berliner Bischof Konrad von Preysing bereit war, öffentlich das gläubige Kirchenvolk zu mobilisieren, stand die Mehrheit der Bischöfe hinter dem vor einem Konflikt mit dem NS-Regime zurückscheuenden Breslauer Kardinal Adolf Bertram: Vgl. Antonia LEUGERS, Gegen eine Mauer bischöflichen Schweigens. Der Ausschuß für Ordensangelegenheiten und seine Widerstandskonzeptionen 1941 bis 1945, Frankfurt a.M. 1996, bes. S. 83-106; DIES., Positionen der Bischöfe zum Nationalsozialismus und zur nationalsozialistischen Staatsautorität, in: Rainer Bendel, Hg., Die katholische Schuld? Katholizismus im Dritten Reich zwischen Arrangement und Widerstand, Münster, 2. erw. Aufl. 2004, S. 122-142, hier S. 124-133; Heribert GRUß, Erzbischof Lorenz Jaeger als Kirchenführer im Dritten Reich. Tatsachen – Dokumente – Entwicklungen –Kontext – Probleme, Paderborn 1995, bes. S. 139-199; Wolfgang STÜKEN, Hirten unter Hitler. Die Rolle der Paderborner Erzbischöfe Caspar Klein und Lorenz Jaeger in der NS-Zeit, Essen 1999, S. 152-155. – Auf die kontroverse Diskussion der Rolle Jaegers kann hier nicht weiter eingegangen werden.

schen Bischofkonferenz 1½ Jahre später und zwar im April
1940 aus Anlaß des Geburtstages des Führers, diesem einen
Brief geschrieben, in dem all das gesagt worden ist, das sie in
ihrem Aufruf für erforderlich halten. Die Antwort des Führers
war im Ganzen nicht ungünstig. Trotzdem [...] wurden [...]
keine Folgerungen gezogen. Bei solcher Sachlage hat z. Z. ein
ähnlicher Aufruf keine Wirkung."

Postwendend stimmte Pieper zu und nahm seinen Vorschlag,
eventuell die vermeintliche Gunst der Kriegszeit für eine stärker
fordernde Position gegenüber dem NS einzunehmen, zurück:
„Die Darlegungen waren mir neu und rechtfertigen die Ablehnung meines Vorschlages, der durch frühere Vorgänge überholt
ist. Bleiben Sie deshalb den von Ihnen eingeleiteten Schritten
treu."[109] Stegerwald wartete auf eine Einladung des Paderborner
Erzbischofs Lorenz Jaeger, um zu einem Gespräch nach Paderborn zu kommen und dabei auch Pieper zu besuchen. Die Kon-
taktaufnahmen Stegerwalds, der mehrere Exposés über das ihm
vorschwebende Verhältnis von Staat und katholischer Kirche an
Pieper geschickt hatte und denen dieser „vollauf" zustimmte,[110]
um sie dann durch seine Schwester anonym im „Bischofshause"
abgeben zu lassen,[111] erwiesen sich allerdings als äußerst schwierig. Erzbischof Jaeger zeigte kaum Interesse an Stegerwalds Vorstellungen einer Neuausrichtung der katholischen Kirche in ihrem Verhältnis zum nationalsozialistischen Staat. Zwar wünsche
auch er eine „vertrauensvolle Zusammenarbeit" zwischen Staat
und Kirche, aber er fügte skeptisch hinzu: „Nur sieht niemand
mehr heute einen Weg dazu, nachdem das gegenseitige Mißtrau-
en so abgrundtief geworden ist und jede Brücke zu einer Verständigung abgebrochen zu sein scheint."[112] Auch Stegerwalds
erneute Vorschläge zur Reorganisation der katholischen Kirche in

---

[109] Pieper an Stegerwald, 4.4.1942, in: ACDP, Nl Stegerwald, 011/2, Nr. 1197.
[110] Vgl. Pieper an Stegerwald, 13.2.1942; 22.2.1942, ebd., Nr. 1196.
[111] Pieper an Stegerwald, 22.31942; 4.4.1942, ebd., Nr. 1197.
[112] Jaeger an Stegerwald, 17.3.1942, Kopie im NIP, Nr. 176.

Deutschland, zu verstärkter Einflussnahme von Laien sowie – erneut – zum Verhältnis von Staat und Kirche wies er in einem langen Schreiben detailliert zurück und weigerte sich weiterhin Stegerwald zu empfangen.[113] In der Zwischenzeit hoffte Stegerwald, mit dem in Kirchendingen gemäßigten Flügel der NSDAP im Gespräch zu bleiben, was angesichts des von den deutschen Bischöfen an den Tag gelegten Verhaltens allerdings schwierig sei, da in der NSDAP „gegenwärtig der radikale Flügel das Feld beherrsch[t]", wie er im Sommer 1942 August Pieper – kurz vor dessen Tod – mitteilte:

„Meine Bestrebungen gingen seit Jahren dahin, die Kirche möge durch ihr Verhalten den gemäßigten Flügel im anderen Lager stärken und damit einem kirchenpolitischen modus vivendi entgegensteuern. Das Entgegengesetzte ist geschehen, so daß im Augenblick alles festgefahren ist. In neuerer Zeit war meine Konzeption: Die Kirche möge den ungeheuren Fehler wieder korrigieren, den sie gelegentlich der Sudetendeutschen Krise im Herbst 1938 begangen und womit sie dem radikalen Flügel sehr stark Wasser auf die Mühle geleitet hat. Dazu bestand vor einigen Monaten ein äußerer Anlaß, der, trotz Anregung und ausgearbeiteten Unterlagen, wieder nicht genutzt worden ist. Wenn die gegenwärtige Offensive im Osten gelingt, dann bedeutet dies voraussichtlich die Kriegsentscheidung, wenn auch noch nicht das Kriegsende. Nach einer Kriegsentscheidung sehe ich vorerst keinen Weg, wie die verpaßten Gelegenheiten wieder ausgeglichen werden sollen. Näheres mündlich."[114]

Zu diesem hier angekündigten Gespräch zwischen Adam Stegerwald und August Pieper ist es nicht mehr gekommen. In seinem letzten Brief an Pieper teilte Stegerwald dem in Paderborn

---

[113] Jaeger an Stegerwald, 20.4.1942, in: ACDP, Nl Stegerwald, 011/2, Nr. 1200; vgl. auch B. FORSTER, Stegerwald (wie Anm. 81), S. 618, Anm. 52 u. 54.
[114] Stegerwald an Pieper, 14.7.1942.

ans Bett gefesselten Freund mit, er würde nicht nach Paderborn kommen, da ihn Erzbischof Jaeger noch immer nicht eingeladen habe und er „eine neue Niederlage in der erörterten Angelegenheit", d.h. eine schriftliche Fixierung der Vorstellungen der Bischöfe über das Verhältnis zwischen katholischer Kirche und NS-Staat, vermeiden möchte.[115] Wenige Wochen nach Erhalt dieses Briefes starb August Pieper und wurde auf dem Friedhof seines Geburtsortes Eversberg beigesetzt. Auch die Pläne Stegerwalds in Richtung eines noch regimefreundlicheren Kurses des deutschen Episkopats verliefen angesichts seiner immer stärker werdenden Isolierung im Kreise seiner ehemaligen politischen Weggefährten im Sande.[116]

---

[115] Stegerwald an Pieper, 4.8.1942.
[116] Vgl. T. FORSTER, Stegerwald (wie Anm. 81), S. 619ff.

Dr. August Pieper (1866-1942), Altersbildnis
Repro Dr. M. Sorace, Bischöfliche Akademie Aachen

6. GRÜNDE FÜR PIEPERS PARTIELLE IDENTIFIZIERUNG
MIT DEM NATIONALSOZIALISMUS AB 1933

Wenn wir uns abschließend fragen, warum Pieper in seinem letzten Lebensjahrzehnt ins Lager des NS überlief, bieten sich zwei – sich teilweise berührende oder überschneidende – Erklärungsbündel an.

Zum *einen* kann man versuchen, A. Piepers persönliche Lage, seinen Gesundheitszustand, seine Sozialkontakte und Befindlichkeit zu analysieren. Dazu werden hier einige autobiographische Skizzen aus seinem Nachlass herangezogen, die relativ eindeutige Einblicke in seine Gefühlswelt erlauben.[117] Dennoch ist an dieser Stelle zuzugeben, dass aus Mangel an Kenntnissen des Verfassers auf eine psychologische oder gar psychoanalytische Deutung verzichtet wird.

Um mit einer profanen Feststellung zu beginnen: Ganz offensichtlich hielt Pieper seine finanzielle Altersversorgung angesichts seines Lebenswerks für unangemessen, als er 1934 festhielt: „Mein Bischof bewilligte mir eine Vikarspension"[118], und an einer anderen Stelle sprach er sogar von „Almosen"[119].

Eine Ursache, dass er keine Pfarrstelle antreten konnte, lag in seiner Sehschwäche, die im Laufe der Zeit so gravierend wurde, dass er seit 1934 das Haus kaum noch allein verlassen konnte.[120]

---

[117] Am 1.11.1934 schrieb er in seinem Manuskript „Gnädige Fügungen in meinem Leben" (NlP Nr. 21, S. 4): „Zur Verständlichmachung meiner Lebensarbeit lasse ich einige Schriften folgen."

[118] Ebd., S. 2.

[119] NlP, Nr. 21, „Die Entwicklung meines geistigen Lebens", Zusatz vom 5.3.1934, Bl. 13. – In der Tat gab es einen Schlüssel, nach welchem 11 Diözesen jährlich Geld in einen Fonds einzahlten, aus welchem Pieper monatlich 300 Reichsmark bezog: vgl. KLEIN (wie Anm. 7), S. 298, Anm. 10. Allerdings stellte ihm der Volksverein kostenlos eine Dienstwohnung in Mönchengladbach zur Verfügung. – Pieper hatte es versäumt, nach der Hyperinflation von 1923 Beiträge in die Pensionsversicherung bzw. Ruhegehaltskasse einzuzahlen: EBD. S. 298, Anm. 9.

[120] T. DAHMEN, Pieper (wie Anm. 2), S. 14, Anm. 27.

Nach dem Tode seines Freundes Johannes Giesberts im Jahre
1938 zog er im März 1939 nach Paderborn, wo er bis 1937 zahlreiche Artikel im Bistumsblatt „Leo" veröffentlicht hatte, dessen
Schriftleiter sein ehemaliger Volksvereinsmitarbeiter Johannes
Hatzfeld war. Dort verschlechterte sich sein Gesundheitszustand
weiter, er litt an Gallenbeschwerden und Herzschwäche, so dass
er täglich nur noch kurze Zeit arbeiten konnte, bis ihn ab Januar
1941 ein Oberschenkelhalsbruch bis zu seinem Tode an das Bett
fesselte.[121]

Als wenigstens ebenso schwerwiegend wie seine körperlichen
Gebrechen erwiesen sich seine psychosozialen Probleme. Er erkannte richtig, dass seine Positionen nach dem Weltkrieg im
Volksverein nicht mehr akzeptiert worden waren: „Man hat mich
überhört, behindert, kaltgestellt."[122] Auch seine Einschätzung,
dass die Erfolgsgeschichte des Volksvereins unwiderruflich ein
Ende gefunden habe, ist zutreffend: „Nun ist die Welt, der ich
diente, versunken."[123] Weniger sicher scheint mir zu sein, ob auch
sein Zusatz: „Dank der Gnade Gottes [...] trage ich mein ‚Scheitern' ruhig", zutrifft, denn man kann viele seiner Ausarbeitungen
auch als Protest gegen dieses in seinen Augen unverdiente
„Scheitern" verstehen. Die Schuld an diesen „Mißerfolg
[s]einer Lebensarbeit im Volksverein",[124] wo er nach eigener Einschätzung „auf einem harten, oft felsigen Boden"[125] gearbeitet
hätte, trügen die deutschen Bischöfe sowie die „vom Vatikan
geforderte Katholische Aktion".[126] So tröstete er sich, indem er
sich einredete, seine Arbeit sei kein „gänzlicher Mißerfolg" gewesen, denn er sei der „Vorläufer der Erneuerung von Volksge-

---

[121] H. HEITZER, Pieper (wie Anm. 16), S. 132.
[122] NIP, Nr. 21, 23.2,1934: „Die Entwicklung meines geistigen Lebens", Zusatz vom 5.3.1934, Bl. 12.
[123] NIP, Nr. 21, 1.11.1934: „Gnädige Fügungen in meinem Leben", Bl. 4.
[124] NIP, Nr. 7, 11.6.1939: „Die Mühsal meiner Lebensarbeit im Volksvereinshause", Bl. 18.
[125] Ebd., Bl. 1.
[126] Ebd., Bl. 3.

meinschaft geblieben", und diese Tatsache mache ihn „innerlich unendlich reich"[127]. Dennoch war er in seinen Briefen an Adam Stegerwald ehrlich genug, seine soziale und intellektuelle Isolierung in Paderborn zuzugeben. Im Frühjahr 1941 beklagte er, dass in Paderborn keine Gesprächspartner vorhanden seien, mit denen er seine Gedanken austauschen könne: „Hier ist niemand, der sie verstehen könnte." Ein knappes Jahr später hielt er fest: „Ich finde hier niemanden, mit dem ich mich über die Zeitfragen austauschen kann."[128] Auch sein Lieblingsthema stieß mitten im Krieg auf wenig Interesse in seiner neuen Umgebung: „Noch niemand hat mich hier, wo ich drei Jahre wohne, auf meine Lebensarbeit in Volksgemeinschaft und Staatsnation angesprochen."[129]

Es gab noch einen weiteren Bereich, der ihn im Alter zunehmend frustrierte: Zeit seines Erwachsenenlebens hatte sich der Verfasser zahlreicher Bücher nicht nur als Volksvereinsfunktionär und Zentrumspolitiker, sondern auch als Sozialwissenschaftler und Intellektueller verstanden. Zwar versuchten seine Briefpartner, ihn in dieser Sicht zu bestätigen[130], aber schon im Jahre 1934 stellte er dennoch resigniert fest, dass die „Bücher, die ich nach 1919 schrieb", nur noch in einigen wenigen Büchereien

[127] NIP, Nr. 7, 11.6.1939: „Die Mühsal meiner Lebensarbeit im Volksvereinshause", Bl. 18, 20.

[128] ACDP, Pieper an Stegerwald, 22.3.1941; 22.2.1942: Nl Stegerwald, 011/2, Nr. 1196.

[129] Pieper an Stegerwald, 12.5.1942, zit. nach Helmut J. SCHORR, Stegerwald (wie Anm. 81), S. 281.

[130] Vgl. z.B. Thomas Eßers Komplimente in seinen Briefen an Pieper vom 27.8.1938 und 1.2.1941 in: NIP, Nr. 81, und Stegerwalds hymnischen Lobgesang auf Pieper, dieser sei einer „der tiefschürfendsten und nüchternsten Gesellschaftswissenschafler, den das katholische Lager in Deutschland seit langer Zeit hervorgebracht" habe: NIP, Nr. 176, Stegerwald an Pieper, 15.3.1941. – Dagegen bleibt festzuhalten, dass spätestens seit Beginn der 1930er Jahre Piepers Schriften nicht mehr als sozial*wissenschaftliche* Arbeiten angesehen werden können.

stünden und ansonsten in einigen Antiquariaten als Staubfänger dienten: „Heute sind sie völlig tot, unverstanden."[131]

Zusammenfassend kann man August Pieper am Ende seines Lebens als schwer kranken, einsamen, teilweise verbitterten, sich unverstanden fühlenden Greis sehen, der verzweifelt versuchte sich einzureden, dass er schon frühzeitig jene ‚Volksgemeinschaft' gefordert habe, welche die Nazis in seinen Augen dann nach 1933 durchsetzten.[132] Dabei klammerte er realitätsblind alle jene gar nicht zu übersehenden Elemente der NS-Diktatur aus, die mit seinen teilweise naiven politischen und gesellschaftlichen Vorstellungen der 20er Jahre unvereinbar waren.[133] Was Bernhard Forster über Adam Stegerwald schreibt, trifft auch auf August Pieper zu:

„Seine umfangreichen Exposés und Briefe zum Verhältnis von Staat und Kirche glichen über weite Strecken einer therapeutischen Auseinandersetzung mit seiner eigenen Biographie, für deren zahlreiche Niederlagen er in einseitiger Verengung vermeintliche Widerstände des katholischen Klerus verantwortlich machte."[134]

Es gibt noch einen *zweiten* Bereich, der A. Piepers Anfälligkeit für Elemente der NS-Ideologie erklären kann. Seit Ernst-Wolfgang Böckenfördes berühmtem ‚Hochland'-Aufsatz aus dem Jahre 1961 steht die These im Raum, dass Elemente des politischen Ka-

---

[131] NIP, Nr. 21, Text 3, Zusatz vom 5.3.1934, Bl. 17.

[132] Auch hierin wurde er von Eßer („Es wird die Zeit kommen, daß Ihre Arbeit für die Gesundung des deutschen Volkes und des christlichen Lebens in Volk und Staat als wegweisend anerkannt wird": 1.2.1941, NIP, Nr. 81) und Stegerwald („Ich kenne keinen zweiten Menschen in unserem ehemaligen Freundeskreis, der durch die Vorgänge der Gegenwart so hundertprozentig gerechtfertigt ist, wie Dr. P.[ieper]": 15.3.1941, NIP, Nr. 176) unterstützt.

[133] Vgl. H. HEITZER, Pieper (wie Anm. 16), S. 131; D. GROTHMANN, „Verein" (wie Anm. 8), S. 448.

[134] B. FORSTER, Stegerwald (wie Anm. 81), S. 615.

tholizismus mehr oder weniger große Schnittmengen mit der nationalsozialistischen Weltanschauung aufweisen.

„Um das Jahr 1933 war in weiten Kreisen des deutschen Katholizismus eine ideologische Befangenheit und Wirklichkeitsferne erreicht, die auch in der NS-Bewegung, nur weil sie sich sehr betont als antiliberalistisch und antimarxistisch begriff und sich zahlreicher Vokabeln des ‚organischen‘ Denkens bediente, einen willkommenen Bundesgenossen im Kampf gegen den ‚liberalen Ungeist‘ und für eine christliche, die ‚volle Verwirklichung des Naturrechts‘ bringende Ordnung sehen ließ. Wo immer man in der NS-Terminologie gleiche Vokabeln fand, wie etwa ‚naturhafte Volksordnung‘, ‚ständisch-organischer Staatsaufbau‘, ‚Gemeinschaftsgebundenheit‘, ‚Volkstum‘, ‚Autorität‘, ‚Reich‘, setzte man auch die gleiche Sache voraus und glaubte, den Anbruch einer neuen und besseren – Jahrhunderte alte Irrtümer korrigierenden – Ordnung zu erleben. Das Mißverständnis zur geschichtlichen Realität konnte nicht größer sein."[135]

Diese „Affinitätsthese" hat sich trotz aller Kritik[136] als äußerst fruchtbar für die Forschung erwiesen, wie zahlreiche Lokal- und Regionalstudien beweisen.[137] Nicht zuletzt – und dies sei hier nur

---

[135] Ernst-Wolfgang BÖCKENFÖRDE, Der deutsche Katholizismus im Jahre 1933. Eine kritische Betrachtung, in: Hochland 53. Jg. (1961), S. 215-239, wiederabgedruckt in: ders., Der deutsche Katholizismus im Jahre 1933. Kirche und demokratisches Ethos. Mit einem historiographischen Rückblick von Karl-Egon Lönne, Freiburg 1988, S. 39-69, Zitat S. 66f.
[136] Vgl. Ernst-Wolfgang BÖCKENFÖRDE, Der deutsche Katholizismus im Jahre 1933. Stellungnahme zu einer Diskussion, in: ebd., S. 71-104, bes. S. 71, Anmerkung 1.
[137] Vgl. z.B. Günter PLUM, Gesellschaftsstruktur und politisches Bewußtsein in einer katholischen Region 1928-1933. Untersuchung am Beispiel des Regierungsbezirks Aachen, Stuttgart 1972, bes. S. 165ff.; Gerhard PAUL, Klaus-Michael MALLMANN, Milieus und Widerstand. Eine Verhaltensgeschichte der Gesellschaft im Nationalsozialismus. Widerstand und Verweigerung im

62

am Rande vermerkt – kannte August Pieper das Verführungspotential der NS-Ideologie für Katholiken anhand der Aktionen seines eigenen Bruders Lorenz, der als überzeugter Propagandaredner für Hitler und die NSDAP in katholischen Kreisen Münchens, Oberbayerns und Schwabens 1923 für Aufsehen gesorgt hatte.[138] Die Attraktivität gewisser Elemente der NS-Ideologie[139] für August Pieper lässt sich spätestens anhand seiner Schriften aus der Zeit ab 1933 belegen. Dabei ist jedoch sogleich darauf hinzuweisen, dass bestimmte hier angesprochene Ideen, Weltbilder und ideologische Versatzstücke nicht einzig und allein vom Zentrum, der politischen Rechten oder den Nazis vor 1933 vertreten und postuliert wurden.

Dies gilt z.B. für Piepers Lieblingsidee seit dem Ende des Kaiserreichs, die Schaffung einer nationalen ‚Volksgemeinschaft'. Über kaum ein anderes Problem der wissenschaftlichen Analyse des Nationalsozialismus ist in jüngster Zeit so viel Tinte vergossen worden wie über die Untersuchung verschiedener Aspekte der vermeintlichen NS-Volksgemeinschaft.[140] Im Rahmen dieses

Saarland 1935-1945, Bonn 1995, bes. S. 56ff.; Oded HEILBRONNER, Die Achillesferse des deutschen Katholizismus, Gerlingen 1998, bes. S. 146ff. (für Südbaden); für das Sauerland vgl. Ottilie KNEPPER-BABILON, Der Kreis Meschede, in: Hochsauerlandkreis, Hg., Widerstand gegen die Nationalsozialisten im Sauerland, Brilon 2003, S. 15-100, bes. S. 23ff.
[138] Vgl. Derek HASTINGS, How „Catholic" was the Early Nazi Movement? Religion, Race, and Culture in Munich, 1919-1924, in: Central European History, 36/2003, S. 383-433; DERS., Catholicism and the Roots of Nazism. Religious Identity and National Socialism, Oxford 2010, bes. S. 119ff.; 126ff.
[139] Ohne Anspruch auf Vollständigkeit seien hier nur die Schlagwörter Antimodernismus, Antiliberalismus, Antiparlamentarismus, Antibolschewismus, Antijudaismus, Volksgemeinschaft, Reichsmystik und Führeridee genannt.
[140] Allein fünf kürzlich erschienene Sammelbände enthalten Dutzende von Texten mit der jeweiligen Spezialliteratur: Detlef SCHMIECHEN-ACKERMANN, Hg., „Volksgemeinschaft": Mythos, wirkungsmächtige soziale Verheißung oder soziale Realität im „Dritten Reich"? Zwischenbilanz einer kontroversen Debatte, Paderborn u.a. 2012; Dietmar VON REEKEN, Malte THIEßEN, Hg., ‚Volksgemeinschaft' als soziale Praxis. Neue Forschungen zur NS-Gesell-

Aufsatzes wird bewusst darauf verzichtet zu untersuchen, ob die postulierte ‚Volksgemeinschaft' – auch ohne Berücksichtigung von Angriffskriegen, Terror, „Euthanasie" und Holocaust – ihre tatsächliche Entsprechung in der sozialen Realität des NS-Staates fand.[141]

Dabei ist zu berücksichtigen, dass der Appell zur Bildung einer ‚Volksgemeinschaft' seit dem späten 19. Jahrhundert in der Rezeption von Ferdinand Tönnies' Buch *Gemeinschaft und Gesellschaft* (zuerst erschienen 1887) nicht nur von politisch rechts zu verortenden Parteien und Personen ausging.[142] Zwar hatten im Ersten Weltkrieg besonders völkisch-nationale Gruppierungen immer wieder die Herstellung einer in ihren Augen echten ‚Volksgemeinschaft' gefordert,[143] doch in den von militärischer Niederlage, Revolution, Bürgerkrieg und separatistischen Bewegungen gekennzeichneten Anfangsjahren der Weimarer Republik appellierten auch und gerade demokratische Parteien an das Ide-

---

schaft vor Ort, Paderborn u.a. 2013; Hans-Ulrich THAMER, Simone ERPEL, Hg., Hitler und die Deutschen. Volksgemeinschaft und Verbrechen, Dresden 2010; Frank BAJOHR, Michael WILDT, Hg., Volksgemeinschaft. Neue Forschungen zur Gesellschaft des Nationalsozialismus, Frankfurt a.M. 2009; Manfred GAILUS, Armin NOLZEN, Hg., Zerstrittene „Volksgemeinschaft". Glaube, Konfession und Religion im Nationalsozialismus, Göttingen 2011.

[141] Vgl. hierzu neben der in Anm. 140 genannten Literatur Michael SCHNEIDER, In der Kriegsgesellschaft. Arbeiter und Arbeiterbewegung 1939 bis 1945, Bonn 2014, bes. S. 871-893.

[142] A. Pieper selbst gibt zu, von Tönnies Werk beeinflusst worden zu sein: vgl. „Die Entwicklung meines geistigen Lebens", in: NIP Nr. 21, 23.2.1934, Bl. 6f. – Zur sozialwissenschaftlichen Diskussion um Gemeinschaft und Gesellschaft vgl. Paul NOLTE, Die Ordnung der deutschen Gesellschaft. Selbstentwurf und Selbstbeschreibung im 20. Jahrhundert, München 2000.

[143] Vgl. Steffen BRUENDEL, Volksgemeinschaft oder Volksstaat. Die „Ideen von 1914" und die Neuordnung Deutschlands im Ersten Weltkrieg, Berlin 2003; Gunther MAI, „Verteidigungskrieg" und „Volksgemeinschaft". Staatliche Selbstbehauptung, nationale Solidarität und soziale Befreiung in Deutschland in der Zeit des Ersten Weltkrieges (1900-1925), in: Wolfgang Michalka, Hg., Der Erste Weltkrieg. Wirkung, Wahrnehmung, Analyse, München 1994, S. 583-602.

al einer zu schaffenden nationalen und sozialen ‚Volksgemeinschaft'.[144]

Aber besonders rechte Parteien, Gruppen und Kulturkritiker
stellten der modernen bürgerlichen *Gesellschaft*, die in ihren Augen charakterisiert war von kapitalistischer Arbeitsteilung in
industriell geprägten Großstädten mit ihren entwurzelten Indivi-
duen, modernen Medien und Konsummöglichkeiten, die von
Bauern und Handwerkern geprägte vermeintlich ‚heile Welt'
vormoderner agrarischer *Gemeinschaften* mit ihren traditionalen
Familienstrukturen, ständischen Produktionsgenossenschaften
und religiösen Bindungen gegenüber. Dieses Denken war gerade
bei national-konservativen Katholiken um das Jahr 1933 weit
verbreitet, und ohne Zweifel gehörte August Pieper ins Lager der
„Gemeinschaftsapostel", wobei er jedoch – und das gilt für ihn
bis zu seinem Tode im Jahr 1942 – konsequent die Augen davor
verschloss, dass seine Gemeinschaftsrhetorik notwendigerweise
die Inklusion der Mehrheit des Volkes, das er nie genau definier-
te und differenzierte, einer ebenfalls nie benannten Minderheit
gegenüberstellte, die von dieser Gemeinschaftsmehrheit (aus
welchen Gründen auch immer) ausgeschlossen werden musste.[145]

---

144 Jörn RETTERATH, „Was ist das Volk?" Volks- und Gemeinschaftskonzepte
der politischen Mitte in Deutschland 1917-1924, Berlin u. Boston 2016; Wolfgang HARDTWIG, Volksgemeinschaft im Übergang. Von der Demokratie zum
rassistischen Führerstaat, in: Detlef Lehnert, Hg., Gemeinschaftsdenken in
Europa. Das Gesellschaftskonzept „Volksheim" im Vergleich 1900-1938,
Köln u.a. 2013, S. 227-253.
145 Vgl. hierzu die Ausführungen bei Michael WILDT, Volk, Volksgemeinschaft, AfD, Hamburg 2017, S. 58-78; Thomas SANDKÜHLER, Krieg, Kampf
um ‚Lebensraum' und Vernichtung. Der nationalsozialistische Krieg, in: H.-
U. THAMER, S. ERPEL, Hg., Hitler (wie Anm. 140), S. 122-129, hier S. 124f.;
Dietmar SÜß, Winfried SÜß, „Volksgemeinschaft" und Vernichtungskrieg.
Gesellschaft im nationalsozialistischen Deutschland, in: dies, Hg., Das „Dritte Reich". Eine Einführung, S. 79-100, hier S. 81-83. – Bereits Mitte der 1930er
Jahre hatte Ernst Fraenkel in seinem Buch ‚Der Doppelstaat' darauf hingewiesen, dass das Volksgemeinschaftskonzept „die höchste Stelle im nationalsozialistischen Wertsystem" einnehme und „jede Gruppe, die sich zu
anderen Werten als der Volksgemeinschaft bekenn[e]", als „desintegrieren-

Die unabweisbare Logik, dass völkische Inklusion immer auch Exklusion bestimmter sozialer Gruppen bedeutete, hat der frühere Sozialwissenschaftler Dr. A. Pieper nie gesehen; für ihn war opferbereite Hingabe des Einzelnen und Aufgehen des Individuums im „Volksgemeinschaftskörper" der Garant einer verheißungsvollen nationalen Zukunft. Die nationale Einheit des Volkes hatte den Vorrang vor der individuellen Freiheit einzelner Bürger.

Das Ideal dieser „Volksgemeinschaft" war in August Piepers Augen ursprünglich ein freiheitlich-sozialer Rechtsstaat gewesen, der durchaus in einer monarchischen Staatsform organisiert werden konnte. Da aber das deutsche Volk sich in seinen Augen auf Grund von kleinstaatlichem Denken, klassengebundenen Parteien und klerikaler Interessenpolitik als unfähig erwiesen hatte, sich freiheitlich zu organisieren, blieb aus Piepers Sicht nur ein autoritärer ‚Führerstaat', der die von ihm ersehnte ‚Staatsvolksgemeinschaft' herbeiführen sollte. Natürlich gilt es auch hier zu differenzieren, denn allein aus der Tatsache, dass Pieper das von ihm herausgegebene Blatt für die Präsides des Volksvereins „Führer-Korrespondenz" nannte und während der Weimarer Republik von Akademikern forderte, sie sollten sich als ‚echte Führer des Volkes' engagieren,[146] lässt sich noch nicht ableiten, dass er schon zu dieser Zeit Anhänger eines Führerstaates gewesen sei, wie er sich ab 1933 herausbildete. Aber die Zeit der Weimarer Republik wurde – nicht nur von A. Pieper – seit der militärischen Niederlage und Revolutionszeit von 1918/19, seit ‚Ruhrkampf' und Hyperinflation von 1923 und den ab 1929 alles dominierenden Folgen der Weltwirtschaftskrise als nationale Krisenzeit wahrgenommen, bei deren Überwindung die herkömmli-

---

der Faktor betrachtet" und daher als „Gefahr" bekämpft werde: zit. nach M. GAILUS, A. NOLZEN, Einleitung, in: dies., Hg., „Volksgemeinschaft" (wie Anm. 140), S. 18f.

[146] Vgl. August PIEPER, Wie wird der Akademiker ein Führer des Volkes? M. Gladbach 1924. – Vgl. allgemein zum Problem „Führer" und „Masse" im Volksverein: H. HEITZER, Volksverein (wie Anm. 10), S. 228-263.

chen und bereits ausprobierten Lösungsstrategien versagt hatten, so dass der Rekurs auf andere, radikalere Therapien legitim erschien, die zu normalen Zeiten kaum eine Chance gehabt hätten.[147]

So ist auffällig, dass Pieper bei aller partiellen Kritik am Nationalsozialismus bereits 1931 der Idee des charismatischen Führers anhing. In seinen Augen bildeten die verunsicherten Massen die „Gefolgschaft" dieser „geborenen Führer", „weil sie an die geborenen Führer glauben; denn sie finden ihr eigenes bestes Wollen in dem Wollen der Führer wieder, hören von ihnen klar ausgesprochen, was sie aus sich selbst nur dunkel ahnen."[148]

Gerade in diesem Zusammenhang haben seit Ernst-Wolfgang Böckenfördes oben bereits erwähntem ,Hochland'-Aufsatz aus dem Jahre 1961 zahlreiche Historiker u.a. auf die auffälligen Schnittmengen zwischen NS-Ideologie und Elementen des politischen Katholizismus insbesondere im Hinblick auf antiliberales Denken, Führermythos und Autoritätsgläubigkeit aufmerksam gemacht und auf entsprechende Beispiele hingewiesen. So formulierte z.b. der Vorsitzende der Zentrumspartei Prälat Kaas zum Jahreswechsel 1932/33: „Woher Deutschland der Retter kommt, weiß Gott allein. Jeder von uns, gleich welcher Konfession und Weltanschauung, würde neidlos und dankbar sich dem Führer-

---

[147] So sind nach Hans-Ulrich Wehler „Umbruchzeiten die Stunde des Mythos, der Stabilisierung und Legitimität verspricht, zugleich aber auch mit seiner dramatisierenden Deutung des Umbruchs eine tiefgreifende Änderung verlangt." Hans-Ulrich WEHLER, Nationalismus. Geschichte – Formen – Folgen, München, 2. durchges. Aufl. 2004, S. 27.

[148] [A.P.,] Der Nationalsozialismus debattiert nicht, sondern er mobilisiert den Willen zur Tat, in: Führer-Korrespondenz, 44. Jg. (1931), S. 40-44, Zit. S. 43; vgl. auch [DERS.], Politische Partei, Diktatur und nationaler Staatsgedanke, ebd., S. 115-116. – Zur Diskussion um charismatisches Führertum im Hinblick auf den Nationalsozialismus vgl. die unterschiedliche Einschätzung bei Hans-Ulrich WEHLER, Deutsche Gesellschaftsgeschichte, Bd. 4: Vom Beginn des Ersten Weltkriegs bis zur Gründung der beiden deutschen Staaten 1914-1949, München 2003, S. 542-580, sowie Ludolf HERBST, Hitlers Charisma. Die Erfindung eines deutschen Messias, Frankfurt a. M. 2010.

tum dessen beugen, der durch wahre Größe [...] der Sehnsucht der Massen Erfüllung bringen würde."[149] Genau dies hatten Teile des Katholizismus und A. Pieper ab 1933 getan, der einige Jahre später die NS-Ideologie lobte, „die allein unter allen bisherigen politischen Parteien einen Mythos besitzt und gipfelt in dem Glauben an die Führerpersönlichkeit, sodann an die vitalen Lebenserneuerungskräfte: Rasse, Blut, Boden, Geschichte"[150].

Auch hier fällt die nahezu unglaubliche Naivität auf, mit welcher der erfahrene Parlamentarier und Sozialwissenschaftler August Pieper die Augen verschloss vor den Gefahren eines in seinen Augen nur „autoritären" Volksstaates mit einem charismatischen Führer an der Spitze. Zunächst kann man auch hier konzedieren, dass sich Pieper anfangs der 1930er Jahre noch irren konnte in seinem Glauben, den NS ähnlich einhegen zu können, wie das der politische Katholizismus und der Volksverein vor dem Ersten Weltkrieg in seinen Augen erfolgreich mit dem Sozialis-

---

[149] Zit. nach Olaf BLASCHKE, Die Kirchen und der Nationalsozialismus, Stuttgart 2014, S. 54. Bereits auf dem Freiburger Katholikentag von 1928 hatte Kaas ähnliche Gedanken formuliert: „Niemals ist der Ruf nach einem Führertum großen Stils lebendiger und ungeduldiger durch die deutsche Volksseele gegangen als in diesen Tagen, wo die vaterländische und kulturelle Not uns allen die Seele bedrückt," und anschließend gefragt: „Wo ist der große begnadete Staatsmann, der mit dem Heroismus des Helden das Gewissen eines Heiligen verbindet, um in freiwillig anerkannter Autorität [...] den Kurs zu steuern, der uns vorwärts und aufwärts führt?" Zit. nach Olaf BLASCHKE, „Wenn irgendeine Geschichtszeit, so ist die unsere eine Männerzeit". Konfessionsgeschichtliche Zuschreibungen im Nationalsozialismus, in: M. Gailus, A. Nolzen, Hg. „Volksgemeinschaft" (wie Anm. 140), S. 34-65, hier S. 56f. – Zu Führermythos und Führererwartung in der Weimarer Republik und frühen NS-Zeit vgl. Thomas MERGEL, Führer, Volksgemeinschaft und Maschine. Politische Erwartungsstrukturen in der Weimarer Republik und dem Nationalsozialismus 1918-1936, in: Wolfgang Hardtwig, Hg., Politische Kulturgeschichte der Zwischenkriegszeit 1918-1939, Göttingen 2005, S. 91-127.

[150] NIP, Nr. 7, 20.11.1936, Bl. 75.

mus vorexerziert hatten.[151] Aber dem Glauben an die letztendlich
positiven Chancen des Führerstaates für die Volksgemeinschaft
hing er auch noch an, als die katastrophalen Folgen der kriminel-
len innen- und außenpolitischen Gewaltherrschaft des Nationalsozialismus nicht mehr zu übersehen waren. Ganz offensichtlich
machte ihn die ersehnte Einigung der deutschen Stämme und
Stände durch einen autoritären Führer betriebsblind für die sich
daraus ergebenden Gefahren für Staat, Gesellschaft und Kirche.

Hand in Hand mit dieser Fixierung auf einen charismatischen
Volksführer war auch im politischen Katholizismus eine Reichsideologie weit verbreitet, die sich ebenfalls als Einfallstor für die
NS-Ideologie erweisen konnte.[152] Zwar gelten auch hier die bereits mehrfach geäußerten Einschränkungen, dass allein von se-
mantischen Ähnlichkeiten („Gottesreich – Drittes Reich") nicht
automatisch auf eine inhaltliche Ähnlichkeit zu schließen sei.
Aber anhand der Manuskripte seines Nachlasses lässt sich auch
für Pieper für die Zeit nach 1933 festhalten, dass „Umfang und
Intensität der katholischen Reichsideologie vielen Zeitgenossen
den Blick dafür getrübt [habe], die achristliche Usurpation der
Reichsidee [durch den NS] rechtzeitig zu durchschauen"[153]. Ganz
offensichtlich hatte Hitler in seiner Berliner Sportpalastrede vom
10. Februar 1933 nicht vergebens an den gläubigen Teil seiner
Zuhörer appelliert, als er den Segen Gottes erbat für das „gemeinsam geschaffene, mühsam erkämpfte, bitter erworbene neue

---

[151] Vgl. dazu seine Ausführungen in der ‚Führer-Korrespondenz', 44. Jg.,
H.1/1933, S. 36.
[152] Grundlegend hierzu Klaus BREUNING, Die Vision des Reiches. Deutscher
Katholizismus zwischen Demokratie und Diktatur (1929-1934), München
1969. Vgl. auch Elke SEEFRIED, Das Reich zwischen Mythisierung und Heils-
erwartung. Katholische Deutungen des Heiligen Römischen Reiches und des
Habsburgerreiches in Deutschland und Österreich 1919-1933/1938, in:
Thomas Pittrof, Walter Schmitz, Hg., Freie Anerkennung übergeschichtli-
cher Bindungen. Katholische Geschichtswahrnehmung im deutschsprachi-
gen Raum des 20. Jahrhunderts, Freiburg 2010, S. 107-130.
[153] EBD., S. 321.

deutsche Reich der Größe und der Ehre und der Kraft und der Herrlichkeit und der Gerechtigkeit. Amen"[154].

Es ist bereits darauf hingewiesen worden, dass Pieper durchaus zutreffend den NS als eine Antibewegung gegen Liberalismus, Parlamentarismus, Pazifismus, Kapitalismus und Sozialismus auffasste.[155] Auch noch in seinem letzten längeren Manuskript verteidigte er den deutschen Angriffskrieg auf die Sowjetunion als „Widerstand [...] gegen den Einbruch des russischen, autoritär geleiteten Bolschewismus."[156] Damit ist der in den Augen der römischen Kirche und des politischen Katholizismus in Deutschland wohl wichtigste ideologische Gegner nach 1917 benannt: der Bolschewismus.[157] Auch in Piepers Schriften und Manuskripten finden sich zahlreiche Hinweise auf die Gefahren des Sozialismus, aber er wehrte sich in seiner aktiven Zeit im Vorstand des Volksvereins dagegen eine Rolle als „Sozialistentöter"[158] einzunehmen, wie sie zahlreiche Bischöfe und andere katholische Kleriker während des Integralismus- und Gewerkschaftsstreites vor und nach dem Ersten Weltkrieg eingenommen hatten. Dennoch kann an seinem Antibolschewismus kein Zweifel bestehen, auch wenn dieser nicht rassistisch aufgeladen war wie bei den Nationalsozialisten.

Es gibt noch einen weiteren Grund, der August Pieper veranlasst haben könnte, ab 1933 in das nationalsozialistische Lager abzudriften. Wie oben bereits erwähnt, hatte sich sein Bruder, der

---

[154] Zit. nach Ian Kershaw, Hitler (wie Anm. 65), S. 575.

[155] Vgl. oben Anm. 45.

[156] NIP, Nr. 19, Der Sinn des Krieges (o.D.), S. 10.

[157] Vgl. Horstwalter Heitzer, Deutscher Katholizismus und „Bolschewismusgefahr", in: Historisches Jahrbuch 113 (1993), S. 355-387; O. Blaschke, Kirchen (wie Anm. 149), S. 59ff.

[158] So formulierte er selbst z.B. in „Der Sinn des Krieges 1940 -": in NIP 19, Bl. 10; allerdings warnte er auch bereits 1931, undifferenziertes Vorgehen gegen die NSDAP sei vergleichbar mit der von ihm abgelehnten „Sozialistentöterei" des Kaiserreichs: [A.P.], Leitgedanke und Lebenswille des nationalen Sozialismus, in: Führer-Korrespondenz, 44. Jg. (1931), S. 27-32, S. 31 (Text dokumentiert im →Anhang, Nr. 3).

katholische Priester Dr. Lorenz Pieper, bereits zu Beginn der 1920er Jahre zu einem begeisterten Anhänger Adolf Hitlers und der NSDAP entwickelt. Daher war er nach mehreren Verwarnungen 1932 vom Paderborner Generalvikariat suspendiert worden und hatte zeitweilig im Stadtarchiv Münster gearbeitet. Vor seinem Tode im Jahre 1942 hatte ihn August Pieper als seinen Nachlassverwalter eingesetzt, und im Jahre 1950 hatte Lorenz Pieper den von ihm geordneten Nachlass seines Bruders dem damaligen Staatsarchiv Münster mit strengen Benutzungsauflagen übergeben. Allerdings enthielt dieser Nachlass, der aus Hunderten von Exposés und Briefen August Piepers bestand, kein einziges Dokument aus dem Briefwechsel der beiden Brüder. Auch die Unterlagen im Heimatmuseum Eversberg, in welchem Lorenz Pieper nach dem Krieg jahrelang ein- und ausging, enthalten keinerlei Schriftstücke, in denen politische Ansichten von August oder Lorenz Pieper aus der NS-Zeit deutlich werden. Es ist daher höchst wahrscheinlich, aber eben nicht zu beweisen, dass Lorenz Schriftstücke, die auf seine eigenen politischen Ansichten oder die seines Bruders schließen lassen könnten, vernichtet hat, denn es ist nicht vorstellbar, dass die beiden Brüder in den Jahren zwischen 1933 und 1942 keinerlei schriftlichen Kontakt hatten, zumal sich August in seinen Briefen z.B. an Adam Stegerwald immer wieder beschwerte, er langweile sich zu Tode und habe niemanden, mit dem er sich austauschen könne.[159]

Insgesamt wird man festhalten können, dass die bei August Pieper schon vor 1933 anzutreffende Zustimmung zu Volksgemeinschafts-, Führer- und Reichsideologie einerseits sowie die Ablehnung von Liberalismus, Parlamentarismus und Parteienstaat, Sozialismus und Bolschewismus andererseits eine ideologische Mixtur ergab, die sich zu weiten Teilen mit der NS-Ideologie überschnitt und Pieper anfällig machte für die Verlockungen

---

[159] Auch K. GRANNEMANN, Lorenz Pieper (wie Anm. 27), S. 138, Anm. 16, hält über Lorenz Piepers Behandlung von August Piepers Nachlass fest: „Hier kann nur spekuliert werden, ob er auch manche Stücke zurückhielt."

dieser Weltanschauung.[160] Seine verbandspolitische und soziale Isolierung sowie sein sich verschlechternder Gesundheitszustand werden dann dazu beigetragen haben, dass er sich einredete, geistiger Wegbereiter der von ihm seit Beginn der Weimarer Republik herbeigesehnten ‚Volksgemeinschaft' zu sein. In dieser realitätsblinden Einseitigkeit, die ihn auch die schlimmsten Verbrechen des Nationalsozialismus ignorieren ließ und in der er von langjährigen politischen Weggenossen noch bestärkt wurde, liegt eine gewisse Tragik; aber auch diese entschuldigt nicht August Piepers starrsinnige Weigerung, die grundsätzlich falschen Überzeugungen seiner Volksgemeinschaftsideologie und deren fatale Konsequenzen zu sehen. Da er schon vor 1933 bei allen punktuellen Differenzen wesentliche Aspekte der NS-Ideologie befürwortete, gehört er zu den „geistigen Brückenbauern"[161], die den ‚Übergang' zwischen Weimarer Republik und katholischer Kirche einerseits und dem Nationalsozialismus anderseits forderten und förderten. Erst recht ließ die „Machtergreifung" der Nationalsozialisten bei ihm noch vorhandene Bedenken schwinden, und bis zu seinem Tode hielt er an seinem Glauben fest, der NS-Staat bilde die Verwirklichung der von ihm seit langem erhofften ‚Volksgemeinschaft'.

---

[160] Nach neueren Ergebnissen der Forschung zu Wahl- und Mitgliederverhalten der NSDAP gilt dies für weite Teile des politischen Katholizismus: „Während der politische Katholizismus in den Bewegungsjahren der NSDAP also noch einen stark immunisierenden Effekt ausübt, fällt dieser nach Beginn und Etablierung der NSDAP-Herrschaft [...] vollständig weg": Alexander RÖCKL, Politische Tradition und NSDAP-Beitritt, in: Jürgen W. Falter, Hg., Junge Kämpfer, alte Opportunisten. Die Mitglieder der NSDAP 1919-1945, Frankfurt a. M. 2016, S. 217-243, hier S. 237.
[161] Christoph KÖSTERS, Christliche Kirchen und nationalsozialistische Diktatur, in: Dietmar Süß, Winfried Süß, Hg., Das „Dritte Reich". Eine Einführung, München 2008, S. 125.

Dr. August Pieper (1866-1942)
Stadtarchiv Mönchengladbach 10-42306

Anhang

Textdokumentation:
Aus Schriften August Piepers

Die Textdokumentationen in diesem Anhang eröffnen zunächst das Angebot, sich über Auszüge aus den beiden Büchern „Der deutsche Volksstaat und die Formdemokratie" (1923) und „Der Staatsgedanke der deutschen Nation" (1928) mit dem Denken August Piepers während der Weimarer Jahre vertraut zu machen (→Nr. 1; Nr. 2). Hierbei geht es um die unmittelbare „Vorgeschichte" zum Gegenstand unserer Untersuchung.

Ab 1931 beteiligt sich August Pieper mit Vorträgen und Aufsätzen an der vom Mönchengladbacher „Volksverein für das katholische Deutschland" betriebenen Aufklärung über den Nationalsozialismus. Die hierzu dargebotene, durchaus repräsentative Textauswahl (→Nr. 3, Nr. 4) zeigt die Ambivalenz in der Haltung A. Piepers, der zur gleichen Zeit Warnungen formuliert und schon einen Brückenbau hin zum Nationalsozialismus vorbereitet.

Für den Zeitraum der Jahre 1933 bis 1942 wird in der vorliegenden Publikation auf der Grundlage von bislang unveröffentlichten Schriften nachgezeichnet, wie August Pieper nach der sogenannten Machtergreifung seinen „Frieden mit dem Nationalsozialismus" gemacht hat. Aus den im Nachlass gesichteten Manuskripten wird im Verlauf der Darstellung reichhaltig zitiert; einige aussagekräftige Texte dieses Zeitabschnitts sind im Folgenden jedoch auch vollständig nachzulesen (→Nr. 5 bis Nr. 9).

[Nr. 1]

Aus „Der deutsche Volksstaat und die Formdemokratie"
(1923)

August Pieper: Der deutsche Volksstaat und die Formdemokratie. M[önchen].Gladbach: Volksvereins-Verlag 1923.

Die nachfolgend abgedruckten Auszüge aus dem bereits
1923 erschienenen Buch Piepers wurden aus mehreren
Gründen ausgewählt: Zum einen taucht hier der für Pieper
spätestens seit dem Ende des Ersten Weltkrieges zentrale
Wunsch nach einem echten Volksstaat auf, den es im Gegensatz zur Weimarer reinen ‚Formdemokratie' erst noch
zu schaffen gelte. Hand in Hand mit dieser grundsätzlichen
Forderung nach der organisch im Volksstaat organisierten
Volksgemeinschaft gehen einzelne politische Hoffnungen
und Forderungen, die zumindest ansatzweise bereits ideologische Positionen einnehmen, an die A. Pieper ab 1933
anknüpfen konnte. Dazu zählen die Bewunderung für
„Geist und Herz staatsschöpferischer Führer", die Ablehnung des ‚mammonistischen' Geistes des Kapitalismus, die
Zurückweisung „geistiger Entartung" als Abweichung
vom angestrebten Zustand, in welchem der Einzelne „als
Glied in dem geistigen Blut- und Kräfteumlauf des seelischen Verwachsenseins" mit seinem Volke angesehen wird.
Drittens vermittelt bereits die Sprache, die in dieser frühen
Schrift verwendet wird, einen Eindruck vom völkisch-
sakralisierenden Sprachgebrauch („Heiligtum der Muttersprache"; „heilige Heimatscholle"), von jenen sich wiederholenden abstrakten Formulierungen und irrationalen Be-
hauptungen, die typisch sind für August Piepers „Staatsmystik" (Oswald von Nell-Breuning).

(1.) DER DEUTSCHE VOLKSSTAAT ALS AUFGABE

[S. 9] Durch die politische Gewalttat der Revolution vom November 1918 ist im Deutschen Reiche die Staatsform des konstitutionellen Staates, der überwiegend monarchischer Obrigkeitsstaat
war, nach kurzer Diktatur des Proletariats in die einer unbeschränkten Volksherrschaft umgewandelt. Durch die Nationalversammlung von Weimar ward ihr die Verfassung des demokratischen Volksstaates gegeben, die aber mehrfache Ansätze
einer sozialistischen Gemeinwirtschaft und sozialistischen Gesellschaft aufwies.

[S. 10-12] Hätten alle bürgerlichen Parteien sich am Aufbau des
neuen Staates beteiligt und sich bemüht, die schöpferischen Gedanken des Freiherrn vom Stein zeitgemäß zu verwirklichen, so
wären die einzelnen glücklichen Gedanken eines Volksstaates,
welche der Verfassungsentwurf der Regierung aus der Verfassungsgeschichte des deutschen Volkes herübergenommen hatte,
nicht in so weitem Maße bloße Ansätze und Anläufe geblieben;
vor allem hätten sie in dem politischen Bewußtsein, Sinnen und
Denken vorab der nichtsozialistischen Bürger mehr Blutwärme
und Keimkraft erhalten. Da aber ein guter Teil derselben im
Trotz- oder Schmollwinkel steht, statt das Chaos zu bewältigen,
stehen die Dinge so, daß die geistige Beeinflussung der neuen
Volksregierung überwiegend bei der Sozialdemokratischen und
der Demokratischen Partei liegt, die beide in der individualistischen, atomistischen, mechanischen Staats- und Gesellschaftsauffassung aufgewachsen sind. [...] Sie begnügen sich mit der Aufrichtung einer formalen, in der Nothaftigkeit und Nützlichkeit
äußerer Rechts- und Freiheitsordnung steckenbleibenden Demokratie, die wir kurz Formdemokratie nennen. [...] Diese individualistische, mechanische Auffassung kann in dem bloßen
Zweckstaate nicht den deutschen Volksstaat erwachsen lassen,
den bis zum Einbruche des Nationalismus unsere Vorfahren aus

der Macht ihres irrationalen deutschen Genossenschaftsgeistes
aufbauen wollten.

Das ist die *tiefste seelische Not des deutschen Staatsvolkes*, in dessen Staats- und Gesellschaftsleben die individualistische Lebens-,
Staats- und Gesellschaftsauffassung durch den politischen Absolutismus und den wirtschaftlichen Geist des Kapitalismus die
letzten Folgerungen der Gedanken und des Handelns gezogen,
damit sich aus- und überlebt hat; infolgedessen brach das Staatsvolk seelisch zusammen. Damit fiel wie das geistige, so das staatliche und gesellschaftliche Leben des deutschen Volkes geistig in
einen leeren Raum, aus dem es nun mit der ganzen Anspannung
eines neuen geistigen, staatlichen und gesellschaftlichen Lebenswillens sich herausarbeiten muß. Dieses schwere Schicksal des
deutschen Volkes in der auch äußerlich harten Gegenwart lastet
am erschütterndsten auf der Seele des Sozialismus, der glaubte,
mit vollen Segeln in das erträumte goldene Jahrtausendreich hin-
einfahren zu können, sobald er durch die Gewalttat der Revolution die politische Macht gewonnen habe. Dieses Schicksal stürzte
andererseits den größten Teil der an der alten Staats- und Gesellschaftsordnung festhaltenden Bürgerkreise in jene dumpfe seelische Lähmung und Erstarrung, in der sie haltlos und tatenlos
dem fortschreitenden äußern und innern Zusammenbruch gegenüberstehen. Aus dieser geistigen Not des deutschen Staatsvolkes vermag die organische, aus deutschem Genossenschafts-
geiste erwachsende Staats- und Gesellschaftsauffassung den Weg
zu zeigen. Zu ihr führt auch die seit der Jahrhundertwende zu-
kunftsfroh sich erhebende Geistesbewegung, die in Lebensfragen
des Menschen dem Irrationalen wieder den Vorrang vor dem
Rationalen zuweist.

[S. 14-15] Gewiß, die Bestimmung der Staatsform als zweckmäßi-
ge Gestalt der Staatsanstalt mit ihren Mitteln der Gesetzgebung,
Regierung und Verwaltung überließ der Schöpfer des Menschengeschlechtes dem Erklügeln und Finden der Bürger; die Staatsform mag, wenn sie sich überlebt hat, wechseln. Der Staat aber,

als die im Gehäuse der äußern Staatsanstalt lebende Volksfamilie, als Volk unter Völkern, ist ewig; er lebt fort in den Tagen einer Revolution, die das alte Staatsgebäude zerstört. Zu diesem lebendigen, ewigen Staat als Volksfamilie und zu seiner Nation als Volkspersönlichkeit hat der Bürger ein seelisches Verhältnis der Treue und Liebe, die sich dann auch auf die Staatsform überträgt, weil sie mit dem Staatsvolk innerlich verwächst als Verkörperung des Staatsgedankens und Staatswillens.

(2.) DIE WESENSVERSCHIEDENHEIT VON ORGANISCHEM VOLKSSTAATE UND INDIVIDUALISTISCHER FORMDEMOKRATIE

[S. 17 und 19] *Die individualistische Formdemokratie.* Sie hat zum Ausgangs- und Richtpunkte das geistig *absolute, selbstherrliche Individuum*, das sich im Fürsichsein selbst genug ist, nur um äußerer Notwendigkeiten und Nützlichkeiten willen sich im Staate eine äußerliche Sicherheitsanstalt schafft, zur Sicherung der persönlichen Freiheit als innerer Ungebundenheit durch möglichste äußere Ungebundenheit. [...] So *bleibt* der Staat der individualistischen Formdemokratie *am Äußerlichen haften*, im Äußerlichen stecken, dem Innenleben der Persönlichkeit fremd.

[S. 23-24] Es ist die Tragik der individualistischen Formdemokratie, daß sie den an sich gesunden Gedanken einer gleichgewichtigen Beteiligung aller Bürger am Leben eines Volksstaates zuschanden bringt, daher den Staat vergewaltigt und zusammenbrechen läßt, wenn er das überlieferte Volksgut an Lebensgemeinschaftskräften aufgezehrt hat. Ein antiindividualistischer, aus den Lebensgemeinschaftskräften der Volksfamilie naturhaft erwachsender Volksstaat bietet dagegen alle Gewähr dafür, daß er jene Gefahren beseitigen kann. Damit ist heute der Formdemokratie das Urteil gesprochen, daß sie in sich unfähig ist, den *Neubau des innerlich zusammengebrochenen deutschen Staates* zu vollenden. Der Sozialismus ist in seinem tiefsten Lebensgrunde

als Lebenswille zu einer neuen, vollkommeneren Volksgemeinschaft der schroffe Widerwille wie im Wirtschaftsleben gegen den
individualistischen Geist des Kapitalismus, so auch im Staatsleben gegen den individualistischen Staat der Formdemokratie;
seine Tragik liegt aber darin, daß er jenen neuen sozialistischen
Lebenswillen zu einer auf das stärkste gebundenen Volksgemeinschaft in den rationalistischen Theorien und Programmen eines
Massenindividualismus durchzuführen sucht, die er vom privatindividualistischen Geiste des Kapitalismus und der Formdemokratie als gläubiger Schüler einer aufklärerischen, materialistischen Wissenschaft übernahm. Es ist dieselbe naturwissenschaft-
lich rein kausal denkende Wissenschaft, die das Rüstzeug des
privatindividualistischen Kapitalismus und des die Herrschaft
des Liberalismus und der Formdemokratie aufrichtenden Individualismus wurde. So stellt sich heute der Sozialismus, der politisch zunächst wenigstens sich zur Formdemokratie bekennt, als
eine Mischform von Massenindividualismus und Willen zur
höchstgebundenen Gemeinschaft dar. Das besagt, daß auch er in
seiner jetzigen Gestalt nur als eine Übergangsform von Staats-,
Gesellschafts- und Wirtschaftsverfassung gelten kann. Will er
einen auf organischer, antiindividualistischer Gesellschaftsauffassung erwachsenden echt germanisch-genossenschaftlichen
deutschen Volksstaat aufbauen helfen, so muß er grundsätzlich
mit der individualistischen Gesellschaftsauffassung brechen, in
deren Bann er heute noch gefangen ist.

[S. 26-28] Die Verwirklichung des Sinnes der Volksfamilie im
Volksstaate befriedigt im völligen Gegensatze zur Formdemokratie die tiefsten, nichts anderm mehr untergeordneten Strebungen,
ein um seiner selbst willen wertvolles volksfamilienhaftes Le-
bensgefühl und einen staatsbildenden Lebenswillen. Deshalb
sagten wir, daß vor Einbruch der Aufklärung in das Geistesleben
des deutschen Volkes dieses Staaten gegründet hat, wie man innerhalb derselben Familien gründete. Mythos, Sage, Lied, Natio-
nalepos, Religion und Sitte sind dessen Zeugen. Man glaubte wie

in Ehe und Familie, so im Volksstaate als in der organisierten
Volksfamilie einen Gottesgedanken zu verwirklichen, einen göttlichen Auftrag des Schöpfers an die Menschheit zu erfüllen, gegeben zu ihrer Vollendung und zu ihrem Glücke. Der Sinn der
Ehe und Familie liegt darin, daß hier durch innigste Lebensgemeinschaft, durch ein wahrhaftiges leibliches und seelisches Mit-
einanderverwachsen Menschen innerste *Lebensergänzung* und
Lebenserhöhung suchen und darin finden, daß sie durch innigste
selbstlose Hingabe […] einer sich im andern wiederfinden. Darum geben sie kraft der Treue und der Liebe sich rückhaltlos mit
ihrem ganzen Sinnen und Denken, sich selbst verschenkend an
die Lebensgemeinschaft hin […]. Der naturhafte, irrationale,
stammelnde Ausdruck dessen lautet: „Nimm mich hin! Laß mich
ganz dein eigen sein! Ich liebe dich, und kein Opfer für dich kann
mir zu groß sein!" Gleiche Lebensergänzung und Lebenserhöhung ist der Sinn der Volksfamilie im Volksstaate. In beiden Fällen stehen wir vor dem *Lebensgeheimnisse der geistigen Ganzheit, in
der die Einzelnen Glieder sind* […].

[S. 28] So ist der organische Volksstaat von der Natur gewollte,
von aller Willkür freie Lebensgemeinschaft und Schicksalsverbundenheit, ein irrationales, letztlich unzweckhaftes geistiges
Ganzes; der Bürger wird als Glied hin[ein]geboren, lebt zuerst für
die Ganzheit seiner Volksfamilie in Staat und Nation, weiß sich
aber in ihr wohlig gebettet, rein menschlich aufgehoben, gehegt,
gepflegt, geschützt. Er nennt sie sein Volk und sein Vaterland,
weiht sich ihr mit Herz und Hand. Er feilscht und marktet nicht
mit ihr und seinen Volksgenossen, seinen Mit-Gliedern. Vielmehr
denkt er zuerst daran, als lebendiges Glied sein Staatsvolk, seine
Nation zu fördern, zu hegen, zu schützen, dafür zu arbeiten. Er
ist stolz auf sein Bürgertum, das ihm Lebensberuf und Amt ist.
Durch das Bürgerrecht fühlt er sich mündig geworden, wie der
junge Germane mündig erklärt ward durch die Verleihung der
Waffe, mit der er Volk und Land zu verteidigen von nun an als
berufen galt; damit erhielt er auch die Vollmacht, unter seinen

Volksgenossen Recht zu finden und dadurch für den innern Frieden im Gau zu sorgen.

[S. 32-34] Es kam [1918] zur Revolution durch die Sozialdemokratie und zur Aufrichtung des *demokratischen Freistaates*, der alle Schwächen der Notgeburt und Frühgeburt trägt, eine Mischung von individualistischen Formen und noch ganz ungeklärten, organischen, volksgenossenschaftlichen Strebungen darstellt. Seine hauptsächliche Schwäche ist, daß er im parlamentarischen Kompromisse, geboten durch die Not des Staates infolge der Diktatur des Proletariats, in der Eile vorerst mechanisch aufgebaut, von außen her an die Bürger herangebracht, von oben nach unten gebaut wurde. [...]

[...] Darum muß im sozialen Volksstaate auch im staatlichen Leben die organische Staatsauffassung Geltung haben. Und zwar trotzdem die Sozialdemokratie infolge ihrer massenindividualistischen theoretischen, gedankenmäßigen Einstellung, dank ihres vorherrschenden Einflusses auf die Gestaltung der Verfassung des Volksstaates, eine äußerlich echte Formdemokratie schuf. Denn der tiefste Lebenswille des deutschen Sozialismus sucht eine die Menschen auf das innigste verbindende höhere Volksgemeinschaft, was am deutlichsten zum Ausdruck kommt in ihrem tiefinnerlichen Hasse gegen den liberalen Geist des Kapitalismus und gegen den Geist des politischen Liberalismus.

(3.) DER ORGANISCHE AUFBAU DES DEUTSCHEN VOLKSSTAATES

[S. 36-37] Es ist der Grundfehler der mechanischen *Formdemokratie*, daß sie glaubt, *den Staat machen zu können und zu sollen*, indem sie die Staatszwecke sorgsam erforscht, die zweckmäßigen Mittel zu diesen Zwecken ausklügelt, deren Zweckmäßigkeit den Staatsbürgern, welche für sich die Staatzwecke erstreben, als annehmbar nachweist und zuletzt die Mehrheit darüber abstimmen läßt, welche Staatsverfassung für alle verbindlich sein soll.

Sie bleibt damit an der Außenfläche, dem Gehäuse des Staates haften und übersieht das darin lebende Geistige, den Sinn des Staates als irrationale Lebensgemeinschaft der Volksfamilie, die durch das Geben und Empfangen der Lebensgefühle des Vertrauens, der Treue, der Hilfsbereitschaft und gütigen Liebe im Miteinander- und Füreinanderleben der Bürger diesen Lebensergänzung und Lebenserhöhung, damit ein höchst irdisches Glück bringen soll. [...] Wie Ehe und Familie, so ist auch die im Leibe des Staates verkörperte Volksfamilie ein Reich der Seele. Die Formdemokratie schafft mit ihrer bloßen Staatsbaumeisterei das leere Gehäuse, eine seelenlose Staatsanstalt, läßt darum das Sehnen der Bürger danach, sich in einer Volksfamilie, in einem Staatsvolke wiederzufinden, ungestillt, läßt die Bürger nicht zur beglückenden innern Ruhe, zum Frieden kommen. Es macht nichts aus, ob man diese Staatsbaumeisterei mit diesen oder jenen idealen Zielen äußerlich verbrämt; das Wesen des formalen Staates wird dadurch nicht gewandelt.

Vor dem Eindringen der rationalistischen, mammonistischen, später sogar materialistischen Auffassung der Lebens- und Lebensgemeinschaftsfragen hat man dagegen *Staaten als organisierte Volksfamilien gegründet, wie man Familien gründete*, das heißt, einen ehrfürchtig erschauten Lebensgemeinschaftssinn, eine lebendige Idee und einen Lebensgemeinschaftswillen liebevoll pflegend, erziehend, leitend.

[S. 38-41] Alle staatlichen Volksfamilien entstanden so als klare, deutliche *Ideen* und als eine große selbstlose *Liebe* in Geist und Herz staatsschöpferischer Führer, die durch deren Offenbarung und durch deren führermäßiges Vorleben den Sinn und das Herz der Gefolgschaft in den Bann ihrer urbildlichen Staatsidee und ihrer vorbildlichen hochherzig tätigen Liebe zum Staate zogen. Sie erweckten, bildeten, erzogen die in der Gefolgschaft schlummernden, urkräftig nach Verwirklichung ringenden Lebensgefühle und den Lebenswillen zur Volksfamilie, schulten sie sodann in der zweckmäßigen staatsbürgerlichen Betätigung durch

Schaffen einer Verfassung, in welcher die naturhaften Lebensgesetze des Staates zum Ausdruck kamen, und durch eine fruchtbare, sich an die Volksgenossen familienhaft hingebende Regierung,
die möglichst viele Selbstverwaltung der Bürger vorsah und
pflegte. Im Miteinander- und Füreinanderleben von Führern und
Gefolgschaft gewann die Staatsidee, Staatsverfassung und Staats-
gesinnung wie alle Lebensbildungs- und Lebensgestaltungskunst
langsam Klärung und Festigung. Äußere Nötigung und innerer
Drang arbeiteten darin zusammen. So auch schreitet die geistige
Entwicklung des Familienlebens in der Kulturentwicklung aufwärts. Darum die ständige Erscheinung, daß Menschen wie geistig gesunde Familien, so auch lebenskräftige Staaten im naiven
Sinnen und Wollen gegründet haben, ehe ein Gelehrter eine wissenschaftliche Staatslehre und Staatstheorie aufstellte. Die weisen
Staatsmänner der Vorzeit, welche Schöpfer hochstehender Staa-
ten wurden, haben Völker und Länder, deren Staatsleben erfor-
schend, durchwandert, wie es ein Künstler und Dichter tut, der
Ideenbilder und Vorbilder, nicht aber Kunstwissenschaft und
Kunstgelehrsamkeit sucht. [...]

Wie wir schon ausführten, sind denn auch alle derart aus rati-
onalistischer Staatsauffassung künstlich hervorgebrachten Staats-
gebilde bloße Übergangs- und Entartungserscheinungen, die nur
schmarotzerhaft so lange sich erhalten, als sie vom überlieferten
Volksgute zehren können, das ein aus *irrationalen Lebensgemeinschaftskräften* erwachsener Staat schöpferisch erzeugt hat. Diesem
Schicksale verfiel der Staat des neuen Deutschen Reiches unter
der Erdrückung durch die Übermacht der feindlichen Staaten
und unter dem innern Drucke der Revolution. [...] Das war doch
noch anderes bei der bürgerlichen Erhebung 1848, auch noch bei
der Gründung des Deutschen Reiches. Aber wie ist auch seitdem
unter dem wirtschaftlichen Aufschwung infolge der mammonistischen Einstellung deutschen Strebens der Rest des Erbgutes des
vor hundert Jahren unser Volk führenden deutschen Idealismus
vertan! War somit die nächste Folge jenes innern, seelischen Zu-
sammenbruches, daß nun das bis dahin schleichende typhöse

Fieber des Mammonismus und des Geistes des Kapitalismus hochgradig wurde und sich auch auf die noch nicht angesteckten Volksgruppen ausdehnte, gleich als müßten vor einer Wendung erst alle Krankheitskeime aufgezehrt und so alle Körperteile gereinigt werden, so ist, abseits des Staubes und Lärmes des öffentlichen Lebens eine Welle erstanden, die fähig ist, uns wieder emporzutragen. Schon vor dem Kriege erhob sich aus dem am wenigsten von jenen Giften angefressenen geistigen Mittelstande ein starker Anhub des unentwegten Kampfes gegen Rationalismus, Materialismus, Mammonismus und für die Vorherrschaft des Geistigen, Irrationalen. […]

Diese neue Geistesbewegung mahnt auch, daß beim wirtschaftlichen, sozialen und staatlichen Neuaufbau, also auch beim Aufbau des neuen Volksstaates, *zuerst nicht auf neue Zuständeordnung, sondern auf Weckung neuer Geistigkeit und neuen geistigen Lebenswillens zu sehen ist*; und zwar weil die alten Formen Auswirkungen einer geistigen Entartung und eines seelischen Alterns waren, gegen welche sich im vorherrschenden Wirtschafts-, Gesellschafts- und Staatsleben der neue seelische Lebenswille des Sozialismus mit unbändiger, Erfüllung erzwingender Gewalt aufbäumt. Nebenher geht, vor allem in den von jener revolutionären sozialistischen Bewegung nicht ergriffenen Volkskreisen, ein gewaltiges Drängen nach Vertiefung des religiösen Lebenswillens, das sich mit auffälliger Schärfe gegen die Formen und Lebensweisen aller Kirchen wendet. Dieser religiösen Sehnsucht haftet nichts Empfindsames und Gefühlseliges an; in ihr lebt, wie im Sozialismus, ein rücksichtsloser Wille, auf den Grund der höchsten Lebensfragen zu gehen.

[S. 43] Nach den Worten Goethes: „Nichts ist drinnen, nichts ist draußen: denn was innen, das ist außen." Angesichts des uns durch unsere ganze Erziehung und Gewöhnung aufgezwungenen naturwissenschaftlichen kausalen, mechanischen Denkens müssen wir uns diese Mahnung immer wieder vorhalten, soll uns der Sinn der antiindividualistischen, organischen oder universalistischen Staatsauffassung in seiner Eigenart und Lebensfülle nicht verschlossen bleiben. Unsere Vorfahren dachten dagegen über Lebensfragen vorerst in Ideen, nicht in Begriffen, in bildhaften Symbolen und im erschauten Mythos, nicht in verstandesmäßigen Systemen und Theorien. Darum ward es ihnen nicht, wie uns, schwer, lebensschöpferische Idee zu schauen, zu erleben und zu verwirklichen; sie waren darum mehr wie wir lebensmächtig auch im Staatsleben und in dem diesem eingeordneten Gemeindeleben.

(4.) DAS URSPRÜNGLICHE VERWACHSEN DES VOLKSSTAATES MIT DEM VOLKSTUM

[S. 44-47] I. Der Urstoff des Staates als Staatsvolkes ist das *Volkstum*. Wir meinen damit, Irrationales gleichnishaft deutend, das geheimnisvolle Leben und Weben aller zur Bildung von Lebens- und Schicksalsgemeinschaften treibenden Anlagen und Kräfte, die in einer bestimmten bodenständigen Menschengruppe die vielgegliederte Volksfamilie pflanzenhaft erwachsen lassen. Als gewachsene, nicht erklügelte und gemachte Schöpfungen dieser Volkstumskräfte in der Vorzeit nennen wir die äußere Dorfsiedlung, die bäuerliche Dorfgemeinschaft, innerhalb derselben die bäuerliche Familie, die Nachbarschaft. In der Stadt die alte Handwerkerfamilie, die berufsständische Zunft und Gilde als Lebensgemeinschaft derer, die das gleiche Lebensschicksal tragen; in gleicher Weise die Gemeindebürgerschaft mit der alle bindenden Sitte als sittlicher, von allen überwachter Lebensordnung, mit von allen gehaltenem Gebrauch und von allen insgemein gefeierten Festen. Dann die Pfarrgemeinde als allgemeine religiöse Lebensordnung und Lebensheiligung. Ferner die weiter greifende Versippung durch Heimatgau, Heimatland und Stammesart, in Mundart, Gebräuchen, geschichtlichen Erinnerungen an hervorragende Personen, Taten und eigenartige Leistungen, deren man sich im engern Kreise oder als ganzes Volk rühmen kann. Was alle diese Schöpfungen des Volkstums, der Volksfamilie als deren Seele, vielfach bis in unsere Zeit lebendig erhielt, ist die seelische Gemeinschaft in geistigen Gemeinschaftsgütern, die einen tief empfundenen Lebens- und Lebensgemeinschaftssinn verwirklichen, dadurch hohe Lebensgefühle befriedigen, dem Leben erhöhenden Inhalt geben. Vor allem aber weiß das im Volkstum verwurzelte Volk, daß es in diesen seinen ureignen, freien, heiliggehaltenen Schöpfungen sich selbst mit seinen eigenartigen Ahnungen, Wünschen, Anlagen und Fähigkeiten darstellt, verkörpert, ehrt; es findet sich darin selbst wieder, wird so vollbewußte Gemeinschaft, Volkspersönlichkeit, bettet sich in diese seine Vollendung wohlig ein. Das ist das Beste, was es sich geben und wünschen kann: Es wird ein Ganzes.

Will der Staat, als Staatsvolk in Fleisch und Blut, die Aufgabe des äußersten, schützenden, hegenden, pflegenden, fördernden, helfenden, lebenserhöhenden Lebensgemeinschaftskreises der Staatsbürger erfüllen, so muß er diese nicht bloß mit ihren äußerlichen Zwecken und Interessen zusammenschließen, sondern auch all jene lebensgemeinschaftsbildenden, schicksalhaften organischen Kräfte und ihre körperhaften Schöpfungen in sich aufnehmen und im Staatsleben zu erhöhter Auswirkung bringen. Nur dann ist er das erhöhende geistige Ganze aller in ihm aufgegangenen Gliedgemeinschaften. Andernfalls bleibt er diesen eine fremde, von außen herangebrachte Anstalt, Maßnahme und Hilfe, nicht aber wird er der echte Volksstaat, der ein Staatsvolk darstellt, das alle Lebenskräfte der Bürger zur vollen Entfaltung bringt.

Hier stehen wir im Kernpunkte unserer ganzen Erörterungen. Wer individualistisch, rationalistisch im Sinnen und Fühlen erstarrt und verarmt ist, darum diese Erkenntnis nicht miterleben kann, für den haben alle unsere Ausführungen keinen Wert; er wird uns überall mißverstehen und das, was wir als organisches Leben meinen, in das zweckhafte Mechanische herabdrücken, es damit um seinen Lebenssinn und um seine lebengestaltende schöpferische Kraft bringen.

Am deutlichsten wird das, was wir meinen, im alltäglichen Leben des Staates bezeichnet durch den *Unterschied von Volk und Masse*. Jedes Staatsvolk schleppt mit sich Menschen, die von ihm nur äußerlich umfasst werden, die es bloß von außen beherrschen kann; sie haben kein seelisches organisches Verhältnis des Bürgers zu ihrer Volksfamilie; sie sind aller organischen Kräfte im Staate bar; sie unterwerfen sich bloß der Staatsordnung und nutzen sie selbstsüchtig aus. Sie sind eine bloße Menge von anorganisch nebeneinander befindlichen Atomen, ähnlich einem Sandhaufen. Auch diesen nennt man eine bloße Masse. Den gewachsenen Boden eines Ackers dagegen nennen wir den Mutterboden, den Humus der darin verwurzelten Pflanzen, weil er trächtig ist von lebendigen, nährenden Kräften. Verbrennt man ihn zu Asche, läßt man ihn ausdörren, so verliert er seine Keimkräfte. Oder flieht die Seele mit ihren Lebenskräften aus der Pflanze, dem Tiere, dem Menschenleibe, so zerfällt er schnell in Asche und Staub. Aus dem Organismus wird eine tote Masse von Staub. Organische Erzeugnisse, wie Milch, Blut, Pflanzensäfte, kann ich entkeimen, d.h. die darin enthaltenen lebenfördernden Keime zerstören durch anorganische Einflüsse auf dem Wege des Sterilisierens, Denaturierens. So auch wird immer wieder, wenn die individualistische Gesellschafts- und Staatsauffassung die Fähigkeiten und den Lebenswillen zur Bildung der organischen, lebendigen Volksgemeinschaft, kurz, das Volkstum in den Seelen von Menschen zerstört, aus bisherigem Volke eine bloße Masse, die nicht mehr fähig und gewillt ist, die echten Lebensgemeinschaften von Familie, Nachbarschaft, Berufsstand, Bürgerschaft, Heimat, Volk und Vaterland, Staat und Nation aus ihrem Lebensgefühle und Lebenswillen erwachsen zu lassen. In unsern Tagen hat der klassenbildende Kapitalismus und der klassenkämpferische Sozialismus am erfolgreichsten diesen Zerfall von organischem Volke in bloße mechanische, atomhafte Masse herbeigeführt. Beide zogen die letzten Folgerungen der individualistischen, rationalistischen, mechanischen Auffassung von Gesellschaft und Staat, welche der volkstumsfeindliche, weil durch

Beherrschen wirken wollende Absolutismus aufnahm; beide zer-
störten damit alle Keime des lebenerweckenden Volkstums, bis
zur Familie hinab, in wahrhaftem Sinne sie sterilisierend, denatu-
rierend. Sie führten damit in den Lebensorganen der wirtschaftlichen, sozialen und staatsbürgerlichen Volksgemeinschaft eine
seelische Aderverkalkung herbei, auf die dann unter dem furchtbaren Drucke von Niederlage und von Revolution der innere
Zusammenbruch, das Auseinander- und Zerfallen von Gesellschaft, Staat, Religion, Seelenkultur erfolgte, weil nur ein organisches Volk, eine Volksfamilie, nicht aber eine atomhafte mechanische Masse Träger der Lebensgemeinschaft sein kann. Ein Volksstaat kann also nur aus dem Volkstume seine Kraft saugen, er
muß es in sich aufnehmen. [...]

(5.) DAS BERUFSSTÄNDISCHE VOLKSTUM IM STAATSVOLKE

[S. 69-71] Weil der Berufstätige durch den Berufsgeist über sich
selbst hinauswächst und zum tätigen Gliede der Volksgemeinschaft als Lebensgemeinschaft erwächst, dadurch mit nichtblut-
verwandten Menschen im tagtäglichen Leben verwächst, baut
der Beruf und der Berufsstand als Lebensgemeinschaft der Be-
rufstätigen die soziale, gesellschaftliche und wirtschaftliche
Volksgemeinschaft auf. Da diese aber im Staate gehegt, gepflegt,
geschützt und getragen lebt, ihrerseits wiederum den Staat nährt,
innerlich füllt, strafft und stärkt, schafft auch der *Berufsstand* des
Staates Wohl und Kraft, ist er *staatserhaltend* und nennt sich auch
stolz so. Nicht aber ist er es, wie eine aufklärerisch verflachte Zeit
spöttelte, bloß deshalb, weil seine Glieder als geruhsame, phi-
liströse Bürger die ungestörte öffentliche Ruhe und Ordnung
lieben. Durch den Lebensberuf, in dem der eine dem andern sich
mit persönlicher Hingabe auf die Dauer seines Lebens vornehmlich widmet, verwachsen darum denn auch erfahrungsgemäß die
Bürger im tagtäglichen Leben seelisch am tiefsten miteinander
und mit ihren Mitbürgern in Staat und Gemeinde. Darum gibt

der Berufsgeist oder das Berufsethos eine Berufsfreude, Berufsehre, einen Berufsstolz, Anspruch auf allgemeine Achtung und Ehre für Person und Stand unter den Volksgenossen, in Gemeinde und Staat, kurz auf Bürgerehre und Bürgerrecht, auf das Tragen der Bürgerverantwortlichkeit und Bürgerpflichten. Denn der Lebensberuf ist Vertrauensamt, Dienst aus rein menschlichem Wohlwollen. Man geht darin auf mit seiner Persönlichkeit, mit seiner Treue und seinem Wohlwollen, nicht mit bloßem Trachten nach Geldverdienst. Ich möchte auch wissen, wie ich dem soll öffentliche Ehre und Anerkennung zollen können, der mich nur aufsucht, um an mir ein gutes Geschäft zu machen. Bei alledem weiß der aus Berufsgeist Tätige, daß er mit diesem Aufgehen in die Lebens- und Schicksalsgemeinschaft seiner Volksfamilie, seiner Gemeinde und seines Staates ebensosehr auch vor der öffentlichen Gemeinschaft und vor ihrem Rechte Anrecht hat auf Sicherung seines Auskommens und Fortkommens, auf die „gesicherte Nahrung", wie es in der alten Handwerkerzunft hieß. Treue um Treue, Dienst um Dienst! […]

Aus alledem ergibt sich, daß der echte Volksstaat, will er alle staatserhaltenden und das Wohl des Staatsvolkes hegenden und pflegenden Kräfte seiner Bürger in freudiger Selbstbetätigung sich entwickeln sehen, dem Volkstum nicht bloß im Füreinanderleben der gemeinnützigen Volkswohlfahrts- und Volkspflege, sondern auch in dem gemeinnützigen Füreinanderleben der berufsständischen Gemeinschaft den Platz im Staatsleben zuweisen muß. Richtiger gesagt, *der Volksstaat muß dem berufsständischen Volkstum Raum, Licht und Luft lassen*, ihm auch *verständnisvolle Beihilfe leisten*, wo immer es naturtriebhaft aus dem Sinnen und Denken der Bürger berufsständische Gemeinschaft erblühen läßt.

[S. 75-76] Zwar muß das Meiste und Größte in der seelischen Wiedergeburt jener, viele Aufgaben echter Berufsstände beanspruchenden Arbeitsgemeinschaften zu berufsständischen Gemeinschaften von denen ausgehen, die sie als lebendige Glieder aufbauen, richtiger aus ihrem Sinn und Herzen, aus ihrem Gemeinschaftsethos erwachsen lassen sollen. [...]

Vorbildlich ist darin vorgegangen die rheinisch-westfälische Handwerkerbewegung in ihrer berufsständischen Gemeinschaftsarbeit. In dieser lebt der echte berufsständische Gemeinschaftsgeist in einer Standeskultur, die zuallererst Bildung des Handwerkers zu einem Menschen erstrebt, dem die fachlichen, wirtschaftlichen und beruflichen Aufgaben des Handwerks nicht bloß innerlich vertraut, sondern dem ihre einsichtige und liebewolle Bewältigung auch Lebensaufgabe, Berufs- und Standesaufgabe in dem Sinne geworden ist, den wir oben darlegten. Nur in so gebildeten, erzogenen, geschulten Handwerkern wird das Standesbewußtsein als Rechts- und Pflichtbewußtsein lebendig, das sie die Schicksalsverbundenheit aller Standesgenossen wie auch die Verknüpfung ihres Standesinteresses mit den Lebensinteressen der Volksgemeinschaft und des Staatsvolkes erleben läßt. Darin werden alle irrationalen Lebensgemeinschaftskräfte des germanischen, insbesondere deutschen Genossenschaftsgeistes lebendig.

(6.) STAATSBÜRGERLICHES UND NATIONALES VOLKSTUM
IM VOLKSSTAATE

[S. 104-107] [Solche] Verantwortung gegen sein Staatsvolk kann der Bürger nur tragen aus einer *großen Liebe* zu seinem Volke als seiner Volksfamilie, als deren Glied er geboren ist, die für ihn vom ersten Augenblick an sich schützend, hegend und pflegend einsetzte. Dies deutsche Volk schließt in sich: das Heiligtum der Muttersprache, die heilige Heimatscholle, die Gemeinsamkeit des Schicksals in Vergangenheit, Gegenwart und Zukunft, das familienhafte Miteinander- und Füreinanderleben. Diese große Liebe zu seinem Volke braucht der Bürger sich nicht mit verstandesmäßigen Beweisgründen einzureden, anzuquälen; sie ist vom Schöpfer ebenso als Keim und Drang in sein Herz eingepflanzt, wie in der häuslichen Familie Vater-, Mutter- und Kindesliebe. Man muß sich nur an diesen Drang hingeben, weil man im Leben, auch im Staatsleben, eine Aufgabe des Lebenschaffens, nicht das Ziel des bloßen Lebensgenusses sieht. Man muß nicht Mammonist, sondern Gemeinschaftsmensch sein, nachdem man aus der Lebensgemeinschaft seines Volkes als Glied geboren und herangewachsen ist, darum auch als Glied für sie leben muß aus dem *Tatwillen*, der den lebendigen Menschen vom toten unterscheidet.

Dem Bürger muß also in seinem Gewissen und Herzen sein *Bürgertum als Beruf* aufgehen, erlebt und geliebt werden. Dann erwächst auch die Berufsfreude am Bürgerwirken, vor allem an dem stillen, nicht in der Öffentlichkeit beschrienen Bürgerwirken von dem Platze aus, an den Gott und das Schicksal jedweden in seiner Gemeinde und in seinem Staate gestellt hat. Jeder Bürger braucht nur die Augen und Ohren auftun, um zu finden, was sein eignes Bürgertum gerade im besondern von ihm verlangt und gebieterisch fordert. Das Bürgergewissen meldet das schon an. Die Mitbürger, die Obrigkeit, die Partei, die Sorgen und Nöte des Gemeinwesens, die heute zum Himmel schreien, bezeichnen schon jedem Bürger seine Aufgaben. Er muß nur Gewissen, Liebe und Zeit zum Besinnen und Nachdenken haben. Das ist ja die wunderbare Eigenart der Lebens- und Schicksalsgemeinschaft, daß man in ihr nicht als Fremdling ein abgeschlossenes Sonderleben führt, sondern als Glied in den geistigen Blut- und Kräfteumlauf des seelischen Verwachsenseins einbezogen ist. Über seine Geschäftsunternehmungen, die Gemächte des überlegenden Verstandes sind, muß man rechnend, kalkulierend, Schlüsse machend nachgrübeln; in der Lebensgemeinschaft gehen einem in der gläubig erschauten Idee und in der hingebend umfaßten Liebe die besten Gedanken und der schaffensfreudige Tatwille von selbst auf. […]

Als Künder und Erwecker solchen religiösen Staatsbürgerethos müssen in jedem Volke von Zeit zu Zeit Propheten aufstehen, welche die Gewissen aufrütteln, das geistige Auge mit Licht

erfüllen, den Stand und Dunst des selbstsüchtig werkelnden All-
tagslebens verscheuchen. Für unser Geschlecht steht als solcher
Prophet, der uns alles Tiefe zu sagen hat, der *Freiherr vom Stein*
da, neben ihm sein Weggenosse Ernst Moritz *Arndt,* dann Johann
Gottlieb *Fichte.* An ihnen sollen wir uns erwecken und aufrichten
zu staatsmännischem Denken, Fühlen, Wollen und Handeln aus
Ehrfurcht vor unserm Volke und unserm Staate als unsere höchste irdische Lebensgemeinschaft, auch als unser größtes irdisches
Schicksal. Alle Lebensgemeinschaft und alles Schicksal stammt
unmittelbar aus Gottes Hand, ist über uns waltendes Lebensge-
heimnis; nur durch die Ehrfurcht als Pforte führt der Weg zu
einem ahnungsvollen Erschauen, Erleben, Lieben und Erfüllen.
Hier wird vollauf offenbar, daß nicht die mechanische rationale
Formdemokratie, sondern nur der organische Volksstaat als irrationale Lebens- und Schicksalsgemeinschaft der Idee von Staat
und Nation gerecht wird. An dieser religiösen Ehrfurcht vor dem
Volksstaate kann der noch verkümmerte nationale Staatsgedanke
und Staatswille der Deutschen sich aufrichten und stark werden;
an ihm kann unser politisches Parteiwesen gesunden und die viel
zu vordringliche, auf den Bedarf der Stunde eingestellte, im
Kleinkram des Alltags versinkende Tagespolitik sich zur Staatspolitik des neuen Volksstaates erheben.

[Nr. 2]

Aus „Der Staatsgedanke der deutschen Nation"

(1928)

August Pieper: Der Staatsgedanke der deutschen Nation. M[önchen].Gladbach: Volksvereins-Verlag 1928, S. 109-121. [Im Original gesperrte Textpassagen werden nachfolgend kursiv wiedergegeben.]

In seinem 1928 erschienenen Buch *Der Staatsgedanke der deutschen Nation* greift Pieper zentrale Gedanken seiner oben zitierten Schrift über den Gegensatz zwischen reinen ‚Formdemokratie' und dem von ihm angestrebten ‚Volksstaat' wieder auf.

Noch stärker als in seinen früheren Schriften arbeitet er hier mit Versatzstücken einer biologistisch-nationalistischen Sprache. So ist die Rede davon, dass Völker „abblühen und sterben" und dass das Staatsvolk eine „politische Lebensgemeinschaft des Blutes" sei. In diesem Zusammenhang betont er „männliche" Werte wie Mut, Tapferkeit und Kampfbereitschaft: echte Männer haben in seiner Sicht „Eisen im Blut" und „Stahl in den Nerven", was sie prädestiniert, für „die nationale Ehre und Freiheit" zu sterben, während „mütterliche Vaterlandsliebe" nicht die Robustheit der „väterlichen Kraft des starken nationalen Staatsgedankens" erreicht.

Weiterhin fällt bereits hier die (schein)theologische Rechtfertigung möglicher Kriege auf: Wenn „Ehre und Freiheit" der Nation auf dem Spiele stehen, muss nach Pieper das „Gottesurteil des Kampfes" angerufen werden, denn Gott habe „immer wieder Menschen in den Tod [ge]schickt um des Kampfes für die Selbstbehauptung höherer geistiger Güter und Werte willen". Diese Kriegstheologie nimmt bereits Gedanken vorweg, die er später nach dem deutschen Überfall auf die Sowjetunion äußerte (vgl. „Der Sinn des Krieges 1940 -"; Textdokumentation in diesem Anhang →Nr. 7).

„DER STAATSGEDANKE DER NATIONALEN EHRE UND FREIHEIT"

[//109//] Im Laufe der Weltgeschichte erhoben sich über das Gewimmel der Staatsvölker, wie hohe Berge über die Hügel und Tiefebene, die Staatsnationen, welche als Staatsvolk-Persönlichkeiten aus Ehr- und Freiheitsbewußtsein zur Erfüllung der Höchstleistungen der Menschheit emporstrebten. Sie sind die Herren und Führer der in ihrem Bereiche liegenden, aus Schwäche und Schwerfälligkeit in der geistigen Dumpfheit verharrenden bloßen Stammes- oder Zwergvölker geworden. Sie haben sie mit sich emporgerissen zum Ringen um die vollkommene Menschwerdung in Staatsvolk, Wirtschaftsvolk und Kulturvolk, haben oft auch ihr religiöses Leben bestimmt.

Sie allein haben Unvergängliches, Unsterbliches für die Menschheit geleistet, das Erbe der vorangegangenen Nationen bereichert und, wenn sie als Einzelvölker gemäß dem Menschenschicksale abblühten und starben, ihr unsterbliches Erbe nachfolgenden Nationen überliefert. Sie allein haben die Weltgeschichte mitbestimmt, selbst eine Geschichte gehabt.

Die Kraft zu solcher Sendung an Mitwelt und Nachwelt gab ihnen der nationale Staatsgedanke, der Freiheitssinn und das Ehrbewußtsein einer Staatsvolk-Persönlichkeit. Alle Persönlichkeit ist die Gipfelung der menschlichen Fähigkeiten, Anlagen und Strebungen dadurch, daß sie zu dem hellen *Selbstbewußtsein* der eignen Selbständigkeit und zu dem unbeirrbaren *Lebenswillen zur Selbstbestimmung, Selbstverantwortung* und *Selbstbehauptung* erhoben wurde. Dadurch hat die Persönlichkeit Halt in sich selbst, steht sie auf sich selbst, weil sie ihr vom Schöpfer verordnetes Lebensgesetz *frei, aus Ehre* bejaht, es sich selbst gibt und seine Durchführung vor sich selbst und vor allen andern selbst verantwortet. Sie wird durch solche Autonomie oder Eigengesetzlichkeit selbständig, unabhängig, ihr eigner Herr, frei, hochgemut, hochherzig und drängt, um sich selbst genugzutun, zur höchsten Entfaltung aller Kräfte und Anlagen, zur vollkommenen Verwirklichung ihres Gottesgedankens. Dadurch wird sie groß.

Ebenso wird ein Staatsvolk von einer bloßen Staatsvolk-Familie als korporative politische Lebensgemeinschaft des Blutes, der Heimat, der Bildung und Gesinnung, des Stammes- oder Volksschicksals zur Staatsvolks-Persönlichkeit oder Nation, wenn es *aus dem Drange des Ehrbewußtseins und Freiheitssinnes* zum hellen [//110//] Selbstbewußtsein der Selbständigkeit im Handeln, zum Glauben an seine Sendung unter den Völkern, zum Lebenswillen der Selbstbestimmung, Selbstverantwortung und Selbstbehauptung seiner Seinsverwirklichung in Höchststeigerung aller Anlagen und Kräfte erwacht. Es richtet dann seine Unabhängigkeit und Eigenherrlichkeit in der eigengesetzlichen, autonomen *Staatshoheit* oder Souveränität auf. Erst in deren geistigen Macht strebt er dahin, etwas Eigenartiges, Unvergleichliches und Unvergängliches unter den Nationen in Staat, Wirtschaft, Kultur zu leisten, mit einer hochgemuten, tapfern Kraftentfaltung, die eine in der Traumwelt hindämmernde Staatsvolk-Familie niemals aufzubringen vermag. Damit löst die Nation den Funken des Gottesgedankens vom Staatsvolke zur Tat aus, nähert sie sich, ähnlich wie die echte Einzelpersönlichkeit, dem hohen Ziele der Gottebenbildlichkeit. Sie wird damit zu einem erlesenen Werkzeuge des Weltlenkers, reich an genialer Begabung. Die großen Führer der heidnischen Nationen wurden daher als Gottessöhne verehrt, göttlicher Verehrung für würdig erachtet.

Die Nation vermag solches zwar nicht allein aus der Kraft des nationalen Staatsgedankens zu leisten, sondern nur in Vermählung mit der mütterlichen Fruchtbarkeit der Staatsvolk-Familie, die in einem stillen Innenleben, aus Idee und Liebe, reichste Anlagen und Fähigkeiten erweckt, geht und pflegt. Beide ergänzen und erhöhen einander *als väterliche und mütterliche Lebenshälfte*. Sie stehen in polarischer Spannung zueinander, streben darum nach Vermählung. Die Nationen sterben, wenn die Fruchtbarkeit des Mutterschoßes der Staats-Volksfamilie erschöpft ist. Die Deutschen stehen unübertroffen da in inniger heimatlicher Vaterlandsliebe, haben aus ihr bisher die Kraft geschöpft zur Einigkeit trotz alles innern Haders, zur Abwehr jeder Fremdherrschaft; die meisten unter ihnen sind aber über diese mütterliche Vaterlandsliebe, auf deren Feier die meisten das Deutschtum besingenden Lieder sich beschränken, nicht emporgestiegen zu der hingebenden Pflege der väterlichen Kraft des starken nationalen Staatsgedankens. Darin liegt begründet das tragische Schicksal des jahrhundertelang vergeblichen Ringens der Deutschen um das Aufsteigen zur Nation. Nach der jüngsten Niederlage im Weltkriege, angesichts der unerhörten Verdemütigung durch das Versailler Friedensdiktat, angesichts der völlig neuen Aufgabe, die der durch eine Revolution herbeigeführte deutsche republikanische Volksstaat stellt, ist die Erweckung und Stählung des nationalen Staatsgedankens als der väterlichen Lebenskraft und seine Fruchtbarwerdung aus dem reichen vaterländischen Volksfamiliengeiste unsere große Aufgabe, von deren Lösung oder Nichtlösung Sein oder Verderben des staatlichen Volkes abhängt. Nur dann, wenn wir aus diesem Verhängnisse den Anruf des Weltschicksals zur vollen, starken Nationwerdung heraushören und ihm mit Anspannung aller Kräfte Folge leisten, ist der Sinn der [//111//] furchtbaren, willig gebrachten Opfer im Felde und daheim, der ertragenen Entbehrungen und Verdemütigungen der Kriegszeit und Nachkriegszeit erfüllt, behaupten die Deutschen ihre Sendung und ihren Platz in der Weltgeschichte, beugen sie in der Zeit des Ringkampfes der Großmächte ihrer Verwerfung aus der Reihe der freien Völker und der Nationen vor.

Der nationale Staatsgedanke wirkt im handelnden Staatsvolke, ähnlich dem Eisen im Blute, dem Stahl in den Nerven, als Geist der Mannhaftigkeit und Ritterlichkeit, des heldenhaften Sinnes,

Mutes und Tatwillens. Es ist adeliger Geist und Lebenswille, erhebt ein Staatsvolk zum Edelvolke einer Nation. [...]

[//112//] Das stolze Selbstbewußtsein, einer vollgültigen Nation anzugehören, gibt dem Bürger den unerschütterlichen *Glauben* an die Berufung seines Volkes zu einer eigenartigen, unvergleichlichen *Sendung unter den Völkern*. Solcher tatfrohe Glaube ist eine moralische Würde, die sich selbst durchsetzt, eine Macht, die geistigerweise Berge versetzt. Es gibt ein ungeschriebenes Hoheitsrecht auf die Anteilnahme an der Führerschaft in der Völkerfamilie, an der Herrschaft dort, wo Nationen Herrschaftsrechte beanspruchen.

Das Bewußtsein der nationalen Ehre und Freiheit gibt dem Staatsvolke auch die *Hoheitswürde* über dem Wirtschaftsvolke und Kulturvolke, den beiden andern Teil-Lebensgemeinschaften in der Volksgemeinschaft.

Die nationale Ehre und Freiheit ist dem Deutschen ein *heiliger Wert*; sie ist dem Christen ein Ausfluß der Ehre und Freiheit der Kinder des Vaters im Himmel, worin der höchste Adel des Christen, seine Kraft besteht, in der er nicht aus bloßer Furcht vor dem Herrn des Himmels und der Erde, sondern aus Gottesliebe und Bruderliebe den Gottesgedanken seines Lebens verwirklicht. Darum weiht sich der Deutsche der nationalen Ehre und Freiheit seines Volkes mit allen Sinnen und Trachten, für sie opfert er Gut, Blut und Leben.

2. Aus dem nationalen Staatsgedanken erwächst der *nationale Staatswille*, den Persönlichkeitswert der Nation selbst zu behaupten gegen alle Hemmungen von innen und außen. Er schließt deshalb den *Willen zur Macht* ein. Was will er besagen?

Jedem Geschöpfe ist vom Schöpfer das *Gebot der Selbsterhaltung* und *des Sich-zur-Geltung-Bringens* gegeben; nur so kann es bestehen und den Sinn seines Daseins erfüllen. Darum ward den leblosen Dingen und den Pflanzen die Widerstandskraft gegeben. Den Tieren wurden die Mittel und Kräfte der Verteidigung gegeben: die Schutzfarbe, die Schale oder Wohnhöhle, die Schnelligkeit der Füße oder Flügel zwecks Erleichterung der Flucht, die

Waffen der Zähne, Krallen, Hörner, der Hufe, des Giftstachels, der List. Der Mensch soll sich leiblich selbst behaupten durch Körperkraft, nötigenfalls unter Anwendung von äußern Abwehrmitteln; er soll seine Ehre und Freiheit selbst behaupten durch die moralische Macht der Würde in Ehrenhaftigkeit, Rechtlichkeit, überlegener Bildung und Gesittung.

[//113//] So ist es auch Gebot der Selbsterhaltung der Nation, daß sie ihre Ehre und Freiheit zur Geltung bringt und gegen jede freventliche Verletzung behauptet. Das ist ihre *unweigerliche Pflicht*. Auf äußere Güter und Lebensnotwendigkeiten kann der einzelne im Notfalle verzichten; die Geltung seiner Ehre und Freiheit darf er nicht verletzen oder zerstören lassen. Denn mit ihr steht und fällt die einzelne Persönlichkeit und die Nation. Darum muß diese das Leben, Gut und Blut ihrer Bürger für ihre Ehre einsetzen. Diesen nationalen Staatswillen haben die deutsche Dichtung und der deutsche vaterländische, nationale Gesang, alle künstlerische Sinnbildgestaltung nationalen Denkens und Wollens zu allen Zeiten ehrbewußt bekannt und gefeiert; alle schweren Verteidigungs- und Befreiungskämpfe haben ihn in heldenhaftem Opfersinn bewährt.

Eine Nation kann sich aber nur durch *Machtentfaltung* zur Geltung bringen und selbst behaupten. Eine dreifache Macht steht ihr dafür zur Verfügung: die moralische, staatspolitisch-diplomatische und wehrhafte Macht der Befehls- und Zwangsgewalt im Innern, der Waffengewalt nach außen. [...]

[//115//] Unentbehrlich ist zurzeit noch die *kriegerische Wehrmacht*, und zwar um so mehr, als es noch keine mit Befehls- und Zwangsgewalt ausgerüstete Rechtsordnung über den Nationen gibt. Je grauenhafter aber der neuzeitliche Krieg geworden ist, je mehr der Ausdehnungsdrang der Nationen mit dem Eintritt in die Weltpolitik und Weltwirtschaft geworden ist, je breiter und tiefer die Bildung und Gesittung gepflegt wird, um so mehr müssen alle Nationen dahin wirken, daß der allgemeine moralische Zwang zur Verständigung und zum friedlichen Verkehre der Völker gestärkt, dazu die Kriegsführung menschenwürdiger geordnet wird. Nach beiden Seiten hin ist von Jahrhundert zu Jahrhundert Großes erreicht; das muß uns bestärken in dem ernsten Willen, den Krieg weiterhin einzuschränken und zu zivilisieren.

Inzwischen ist *die Bereithaltung der kriegerischen Wehrmacht* als des letzten Mittels der Selbstbehauptung der nationalen Ehre und Freiheit in der Notwehr weiterhin notwendig. Gegen unerträgliche Verletzungen ihrer Ehre und Freiheit bleibt der Nation letztlich nur die Anrufung der Entscheidung durch *das Gottesurteil des Kampfes* übrig, wenn die friedliche Geltendmachung der moralischen und staatspolitisch-diplomatischen Machtentfaltung beim Gegner versagt. Und versagen können alle Schiedsgerichte und Völkerbünde, die nur soviel halten können, wie die freiwillig sie aufrechterhaltenden Völker zu leisten vermögen in der Bändigung der dämonischen Mächte der Machtgier, des Hasses und Neides, der ererbten Vorurteile. Solange diese Mächte innerhalb jeder Nation unter den eignen Volksgenossen hemmungslos sich auswirken in wirtschaftlichen Interessen- und Klassenkämpfen, in politischen Parteikämpfen, in konfessionellen und weltanschaulichen Kämpfen, im Hasse und Neide von Verwandten und Nachbaren, solange sie dort moralisch Menschen verwunden und morden, ist nicht zu erwarten, daß Völker, die sich seit Jahrhunderten fremd und vorurteilsvoll, mit entgegengesetzten Interessen gegenüberstehen, letztlich den Frieden dem Kriege vorziehen. An diesen Wurzeln der Machtgier, des Neides, der Selbstüberhebung im eignen Volke gilt es anzusetzen, wenn wir den Krieg unter fremden Völkern zunächst einzudämmen versuchen durch Verbreitung der Friedensstimmung, durch Verpflichtung zur Anrufung zwischenstaatlicher Schiedsgerichte, durch Beschränkung der Rüstungen. Wollen wir aus echtem Wirklichkeitssinne in solcher Art dem Frieden die Wege bahnen, dann müssen wir unser Augenmerk zuerst richten auf die Bändigung der mammonistischen [//116//] Wirtschafts- und Lebensgesinnung, deren stärkster Träger der in alle Volkskreise eingedrungene Geist des Kapitalismus ist. Sie sieht den Zweck und Inhalt des Lebens im rücksichtslosen Wettbewerbe der einzelnen um den größtmöglichen Gewinn und Genuß der äußern Güter aus bloßem Erwerbsgeiste, statt den Sinn des Lebens zu setzen in die Veredlung alles Arbeitens und Strebens durch den Berufsgeist als Geist des Dienstes an den zu betreuenden Menschen, in die Veredlung alles Wettbewerbes unter einzelnen, Ständen und Völkern durch den Geist der Lebensgemeinschaft, die allen Gliedern Lebensergänzung und Lebenserhöhung bringt. (Vgl. A. Pieper, Berufsgedanke und Berufsstand im Wirtschaftsleben.) Als Imperialismus hat diese mammonistische Lebensauffassung den Völkerhaß gezüchtet und den Ausbruch des Weltkrieges beschleunigt, seinen Umfang erweitert, das gehässige Friedensdiktat herbeigeführt; es [sic] hält heute noch die Friedlosigkeit der Welt aufrecht.

Zum andern gilt es, den nationalen Gedanken zu veredlen und aus den Fesseln des macht- und eroberungsgierigen Nationalismus zu befreien. Eine Friedensbewegung, die nicht vorerst diese Wurzeln auszurotten sucht, begnügt sich mit Lufthieben.

Bleibt somit zunächst die Notwendigkeit der Wehrmacht als des letzten Mittels der Selbstbehauptung der Nation, das so lange wie möglich als moralisches Druckmittel zu benützen ist, so ist die Reinheit seines schicksalsnotwendigen Zweckes dadurch zu gewährleisten, daß man mit ergriffener Ehrfurcht vom Kriege denkt. Er bleibt der Anruf eines *Gottesgerichtes* aus dem reinen Gewissen, die Pflicht der Selbstbehauptung der Nation zu erfüllen. Darum wird kein gewissenhafter, ehrenhafter Staatsmann als Beauftragter seiner Nation ohne Zittern und Beben sich für Anwendung des Krieges entscheiden. [...] Wer immer daher, von den idealen Forderungen der Menschlichkeit ausgehend, glaubt, grundsätzlich und für allemal über die Erlaubtheit oder Nichterlaubtheit des Krieges urteilen zu können, möge nicht vergessen, zweierlei in Erwägung zu ziehen. Einmal, daß der verantwortliche Leiter eines Staatsvolkes sich von Gott berufen erachten muß, die Pflicht der Nation zur Selbstbehauptung ihrer Freiheit und Ehre auch mit dem Opfer von Gut, Blut und Leben zu erfüllen; er hat nicht das Recht, diese furchtbare Pflicht abzulehnen, wenn er sich dadurch der Gefahr aussetzt, darob die Ehre und Freiheit der Nation preiszugeben, damit seine [//117//] Nation dem schrecklichen Elende zu überantworten, das einer vernichteten Nation harret, die nicht leben und sterben kann. Zum andern soll er beachten, daß Gott immer wieder Menschen in den Tod schickt um des Kampfes für die Selbstbehauptung höherer, geistiger Güter und Werte willen. Alle Propheten hat Gott in den Tod geschickt, und unter Hinweis auf sie hat Christus sein Leben im Kampfe für seine Sendung geopfert. Im stillen Einzelleben treten zu allen Zeiten ungezählte edle Menschen um ihrer höhern Pflichterfüllung im Befolgen ihres Berufes als Rufes Gottes willen in den Kampf mit dem Einsatze ihres Gutes, Blutes und auch des leiblichen Lebens. Christus hat von seinen Jüngern diesen Einsatz gefordert, und er hat ihnen nicht in Aussicht gestellt, daß die Menschheit zu jener vollkommenen Geistigkeit und Sittlichkeit aufsteigen werde, die den Einsatz von Blut und Leben überflüssig machen würden. Es ist also nicht so, daß das Opfer von Blut und Leben gottlos, widerchristlich sei. Selbstverständlich muß der Preis dafür hoch genug sein. Aber nicht zu hoch dafür ist der Preis der Selbstbehauptung der Ehre und Freiheit der Nation, des höchsten, oberhoheitlichen irdischen Geistesgutes der Völker.

Damit, daß das Friedensdiktat das deutsche Volk gewaltsam entwaffnet, seine kriegerische Wehrmacht zerstört hat, sind wir nicht entbunden von der Pflicht, den *Geist der Wehrhaftigkeit* unter uns zu pflegen. Er ist heute und für die absehbare Zukunft ein Wesensteil des nationalen Staatsgedankens und Staatswillens. Niemand vermag ihn uns zu verwehren. Er ist der Kern der uns genommenen äußeren Wehrmacht. Die andern Völker müßten uns verachten, wenn wir uns durch die gewaltsame Entwaffnung dazu verleiten ließen, auf den Geist der Wehrhaftigkeit und den Willen zur Pflege der kriegerischen Tüchtigkeit zu verzichten. Das dürfen wir um so weniger zulassen, als die Absicht der Kriegsgegner bei der willkürlichen Entwaffnung des deutschen Volkes ist, unser nationales Ehrbewußtsein zu schwächen, unsere nationale Ehrenstellung unter den Völkern herabzusetzen, unsere Geltung zu mindern.

Wir müssen diesen Geist der Wehrhaftigkeit als letztes Mittel der äußeren Selbstbehauptung auch darum nicht unter uns verkümmern lassen, weil er unserm weithin sittlich erschlafften, weil der mammonistischen Lebensgesinnung verhafteten, leiblich verweichlichten Geschlechte unentbehrlich ist als edelstes Erziehungsmittel zur leiblich-geistigen Stählung des mannhaften Mutes im Kampfe und Meistern des Lebens, zur erhabenen Zielsetzung des Lebens, zur ritterlichen Gesinnung. Der Geist der Wehrhaftigkeit aus nationaler Ehre und Freiheit, der zuerst nach Wahrung des Friedens durch Aufbringung der moralischen Macht der nationalen Würde trachtet, ist die Probe darauf, ob der nationale Ehr- und Freiheitssinn von einem Volke über alle andern Güter des Lebens gestellt wird. Er ist als Eisen im Blute und Stahl in den Nerven für ein hochstehendes Wirtschaftsvolk und [//118//] Kulturvolk das notwendige Gegenmittel gegen die Gefahr der Verweichlichung auf einer Stufe der geistigen und sittlichen Entwicklung, die noch weit entfernt ist von der unbestrittenen Vormacht des Geistes und der Sittlichkeit über die niedern Regungen des leiblich-geistigen Lebenswillen. In dem Kulturkreise, dem wir angehören, gingen alle Wirtschafts- und Kulturvölker in Verweichlichung unter, die den Geist der Bereitschaft zur kriegerischen Wehrhaftigkeit verkümmern ließen. Davor, daß er in kriegerische Rauflust ausartet, muß die hohe Auffassung des nationalen Staatsgedankens bewahren. Nicht minder die religiöse Auffassung desselben, die in allen innern und äußern, friedlichen und wehrhaften Aufgaben des Staatsvolkes keinen Selbstzweck, sondern ein Mittel sieht zur Verwirklichung des geistigen Sinnes des Staatsvolkes, nämlich der höhern innern Menschwerdung während der Zeit, da der unsterbliche Geist im Fleische lebt, an die Sinne und an die Bedürfnisse der äußern Welt gebunden ist. Das Reich der Seele als Reich Gottes in den Seelen aufzurichten durch die Pflege der Ewigkeitswerte in der höhern Sinngebung aller irdischen Aufgaben des Wirtschaftsvol-

kes, Kulturvolkes und Staatsvolkes, ist dem religiösen Menschen
die Lösung des Lebensrätsels. [...]

[...] Der nationale Gedanke schaut ahnend, gläubig den Sinn
und Zusammenhang von Vergangenheit und Zukunft, weil ihm
der Gottesgedanke der Nation und der schicksalhaften [//119//]
Bestimmung ihres Handelns zum klaren Bewußtsein kommt Er
weiß sich mit dem von der Nation zu verwirklichenden Gottes-
plan vertraut, im Bunde mit Gott. Darum haben die bewundern-
den Völker die Schöpfer und Mahner großer Nationen die Send-
linge Gottes, Diener des Schicksals genannt. [...]

[//120//] [...] *Wer ist national gesinnt?* National gesinnt ist
derjenige deutsche Staatsbürger, in dem der nationale Staatsgedanke und Staatswille seines Volkes lebt. Dieser besagt den stol-
zen Willen des deutschen Volkes, sich unter den andern Völkern
als freie Volkspersönlichkeit nach innen und außen selbst zu behaupten. Eine echte Nation will auf eignen Füßen stehen, ihre
Angelegenheiten selbständig erledigen, sich darin nicht von
Fremden bevormunden und beengen lassen. Sie lehnt deshalb
Fremdherrschaft über sich ab, will aber auch nicht über andere
Völker eine [//121//] Fremdherrschaft aufrichten, sie nicht beherrschen oder verknechten. Ein Volk, das in der Welt als Nation
dastehen will, wacht darüber, daß die andern Völker seine Ehre
achten. Es weiß aber auch, daß eine Nation seine Ehre nur selbst
sich geben und wahren kann durch die Ehrenhaftigkeit, Rechtlichkeit, Gesittung, durch die Hochachtung vor Gesetz und Ordnung, durch ein hohes Pflichtgefühl und starken Selbstverant-
wortlichkeitswillen, durch die Entschlossenheit, seine Verbind-
lichkeiten gegen die eignen Bürger wie gegen andere Völker zu
erfüllen durch Arbeitsamkeit und Fleiß.

Durch all das gibt sich eine Nation ihre *Würde* und die *moralische Macht*, die andere Völker wirkungsvoller in den Schranken
hält als die bloße Wehrmacht. Das wußten manche Neider, als sie
schon vor dem Krieg und ungehemmt während des Krieges wie
nach demselben die Ehre und Würde der deutschen Nation herabzusetzen suchten. Heute, da die Deutschen äußerlich wehrlos

und machtlos sind, müssen sie um so mehr die moralische, sittliche Macht in ihrem nationalen Sinnen und Handeln pflegen und nach außen zur Geltung bringen. Daran kann sie niemand, als nur sie selbst, hindern; diese moralische nationale Machtentfaltung kann niemand entwaffnen. Diesen nationalen Staatsgedanken und Staatswillen muß jeder Bürger und jede Bürgerin aufbringen. Ein jeder Deutsche muß national bis in die Knochen sein. Dadurch trägt er dazu bei, daß das deutsche Volk Eisen in seinem Blute, Rückgrat und aufrechte Haltung in seinem Volkskörper hat. [...]

[Es folgt im gleichen Buchabschnitt eine Abgrenzung vom Nationalismus, zunächst *nach außen* hin: „Im Auslande gibt es einen Nationalismus, der das eigne Volk als das auserwählte, zur Herrschaft über alle übrigen Völker berufene erachtet. Er frönt rücksichtslos seinen Machtgelüsten, schreitet über die Rechte anderer Völker hinweg, sucht sie zu verknechten, versklaven, auszubeuten [...]. Solche Weltherrschaft hat das deutsche Volk nie angestrebt; vielmehr hat es jahrhundertelang Mangel an Willen zur Selbstbehauptung als Nation unter andern Nationen bekundet." Hingegen gelte es *in* Deutschland jedoch einen Nationalismus zu bekämpfen, der in der Frage der nationalen Selbstbehauptung „als *erstes oder gar als alleiniges* [...] *Mittel* [...] den Einsatz der *militärischen Macht*" ansehe (Selbstbehauptung primär durch kriegerische Stärke) und nach innen machtpolitisch „*die Beherrschung der breiten Kreise der Bürger durch ein absolutistisches Regiment* in Hand weniger Bevorrechteter" anstrebe („Feindschaft gegen die Volksfreiheit").]

[Nr. 3]

Aus dem Sonderdruck
„Der Nationalsozialismus"
(1931)

Der Nationalsozialismus. Erstes Heft. (= Sonderabdruck aus Führer-Korrespondenz Nr. 1/1931.) Volksvereins-Verlag in M. Gladbach. o.J. [24 Seiten.][1]

Am 19./20. Januar und 17. Februar 1931 fanden im Volksvereinshaus in Mönchengladbach zwei Tagungen statt, in welchen sich die Referenten mit den Gefahren des in den Reichstagswahlen von 1930 sensationell erfolgreichen Nationalsozialismus auseinandersetzten. Die dort gehaltenen Referate wurden in der ‚Führer-Korrespondenz', Jahrgang 44 (1931) veröffentlicht sowie zusätzlich über Sonderdrucke, herausgegeben von der Zentralstelle des Volksvereins für das katholische Deutschland in Mönchengladbach, verbreitet.[2] Einige dieser Texte waren, erkennbar an den Initialen A.P., von August Pieper verfasst worden, aber auch einige der nicht namentlich gekennzeichneten Referate wurden von Pieper gehalten, wie zahlreiche inhaltliche und sprachliche Eigenheiten zweifelsfrei belegen, und was u.a. auch von dem Zeitgenossen Rudolf Padberg bestätigt

---

[1] Dieser erste Sonderdruck zum Thema enthält: *Der Rechtsradikalismus der Nationalsozialisten* (S. 1-8) [zuerst in: Führer-Korrespondenz, 44. Jg., 1931, S. 19-27]; *Leitgedanke und Lebenswille des nationalen Sozialismus* (S. 8-13) [zuerst in: Führer-Korrespondenz, 44. Jg., 1931, S. 27-32]; *Das nationalsozialistische Parteiprogramm* (S. 13-20) [zuerst in: Führer-Korrespondenz, 44. Jg., 1931, S. 32-40]; *Der Nationalsozialismus debattiert nicht, sondern er mobilisiert den Willen zur Tat* (S. 20-24) [zuerst in: Führer-Korrespondenz, 44. Jg., 1931, S. 40-44].

[2] Vgl. hierzu u.a. die Bemerkungen bei Gotthard KLEIN, Der Volksverein für das katholische Deutschland 1890-1933. Geschichte, Bedeutung, Untergang, Paderborn u.a. 1996, S. 275f.

105

wird.[3] – In diesen Texten (vgl. auch →Nr. 4) zeigt sich Piepers Ringen um einen in seinen Augen sinnvollen Umgang
mit dem Nationalsozialismus. Zwar kritisiert er scharf dessen verfassungsfeindliche Versuche, die Macht im Staate
durch Anwendung von Gewalt und Terror zu erringen,
aber er findet auch Anknüpfungspunkte, die in seinen Augen eine Zusammenarbeit zwischen den bürgerlichen Parteien und den gemäßigten Elementen der NSDAP ermöglichen oder sogar erforderlich machen: Solche vermeintlichen gemeinsamen Schnittmengen bilden laut Pieper z.B.
das Eintreten des Nationalsozialismus für „die Befreiung
des deutschen Volkes von den Fesseln des Friedensdiktats", „die Erweckung des Staatsgedankens der Ehre, Größe
und Macht der Nation", die „echten Führerpersönlichkei-
ten" der NSDAP sowie deren Bereitschaft, durch „ständi-
sche genossenschaftliche Gliederung der Wirtschaft" der
„Volksgemeinschaft zu dienen". Zwar verurteilt er die „faschistische Staatsordnung" und den „nationalsozialistischen Rassenkampf nach innen und außen", aber er sieht
anderseits in Teilen der NS-Bewegung auch das Bemühen
um eine „neue Lebensform der Volksgemeinschaft", und
diese „radikale junge Generation" ist in seinen Augen
„trächtig an Keimen eines Neuen".

DER RECHTSRADIKALISMUS DER NATIONALSOZIALISTEN

Mit dem Linksradikalismus der Kommunisten hat der nationalsozialistische Rechtsradikalismus gemeinsam den Willen, an die
Stelle des deutschen demokratischen, volksfreiheitlichen Staates
die Herrschaft seiner Partei über den Staat zu setzen. Diese Herrschaft will er nicht auf dem Boden des Parlamentes im Wege ei-

[3] Rudolf PADBERG, Kirche und Nationalsozialismus am Beispiel Westfalen.
Ein Beitrag zur Seelsorgekunde der jüngsten Zeitgeschichte, Paderborn 1984,
S. 44-47.

nes Mehrheitsbeschlusses erringen, sondern durch den „Marsch auf Berlin", durch die bewaffnete Überrumpelung der bisherigen Machthaber. Die siegreiche Partei wird ihren Führer, Adolf Hitler, mit unbeschränkter, diktatorischer Machtfülle ausstatten. Er verspricht, das mit dem Kopfe oder mit der Faust arbeitende deutsche Volk, die Geistesarbeiter und Handarbeiter, zu befreien erstens auf *nationalem* Gebiete von den die Freiheit der deutschen Nation unterdrückenden Gewaltmaßnahmen des Versailler Diktates, namentlich von den Reparationszahlungen, zweitens auf *sozialem* Gebiete von den sozialen Ungerechtigkeiten, insbesondere durch Brechung der Zinsknechtschaft, der Herrschaft des nur raffenden ausländischen und inländischen Großleihkapitals. Die wirtschaftspolitische und soziale Forderung des Parteiprogramms: „Alle Deutschen bilden eine Werkgemeinschaft zur Förderung der allgemeinen Wohlfahrt und Kultur, bei allgemeiner Arbeitspflicht, unter Anerkennung des Privateigentums sowie der freien Erwerbstätigkeit und der freien Verfügung über den Arbeitsvertrag", soll durch einen neuen Staatssozialismus verwirklicht werden, der berufsständische Kammern der schaffenden Berufe vorsieht, diese aber der Leitung des Diktators unterordnet. An die Stelle von freien Berufsorganisationen treten durch staatliche Anordnung eingeführte Korporationen, die an die Marschroute der den Staat beherrschenden Nationalsozialistischen Partei gebunden sind. Hierin folgt man dem Vorbilde des von Mussolini regierten faschistischen Staates in Italien.

1. Der Nationalsozialismus bekennt sich also zum gewaltsamen Umsturze der in Weimar begründeten und unter vielen inneren Widerständen zur Ruhe und Ordnung gelangten Demokratie, des neuen Volksstaates, in dem die Staatsgewalt vom Volke als Gesamtheit ausgeht, und der unter einem frei vom Volke auf bestimmte Zeit gewählten Reichspräsidenten regiert wird. Der erstrebte nationalsozialistische, faschistische Staat ist dagegen eine Diktatur, unter der alle Staatsgewalt nur von der Nationalsozialistischen Partei ausgeht und die gesamte, auch wirtschaftspolitische, Regierung und Verwaltung nur von den Mitgliedern

der Nationalsozialistischen Partei [//2//] bestellt, besetzt und kontrolliert wird nach den Bestimmungen und Anordnungen des Diktators, dem alle Parteigenossen blinden Gehorsam schulden. Darin ähnelt der nationalsozialistische Staat auch der von den Bolschewiken aufgerichteten und von den deutschen Kommunisten erstrebten Diktatur des Proletariates. Der Unterschied von dieser besteht nur darin, daß die Bolschewisten und Kommunisten die Diktatur in die Hände des sozialistischen Industrieproletariates legen, die Nationalsozialisten dagegen die Diktatur den erbittertsten Gegnern sowohl des marxistischen Sozialismus wie der Demokratie anvertrauen. Darum bezeichnen sie ihren geplanten Staatsumsturz als die *Gegenrevolution* gegen die „frevelhaften" Errungenschaften der November-Revolution von 1918.

Der Nationalsozialismus ist also ebenso *revolutionär* wie *reaktionär*, das heißt Feind der allgemeinen Freiheitsrechte. Im deutschen Volksstaate haben Kommunisten und Nationalsozialisten das Recht, zum Volksvertreter gewählt zu werden, das Recht der freien Meinungsäußerung, Preßfreiheit und Versammlungsfreiheit. Im Staate der Diktatur besitzen nur die Mitglieder der alleinherrschenden Nationalsozialistischen Partei diese Rechte. Denn jede Äußerung oder Handlung, die den Interessen des Staates der Diktatur zuwider ist, wird als Landesverrat streng bestraft, in zahlreichen Fällen mit Todesstrafe. Die Häufigkeit der Todesstrafe für politische Verbrecher hat das nationalsozialistische Programm mit der Diktatur der Bolschewiken gemeinsam; Mussolini unterdrückt auf das schärfste jede Agitation gegen sein faschistisches Regiment, aber er begnügt sich mit Verbannung auf einsame Inseln.

2. Der Nationalsozialismus erstrebt nicht bloß die Herrschaft über die auswärtige und innere Politik, die Wirtschafts- und Sozialpolitik. Er will auch *kulturelle Ziele* verwirklichen, eine *Lebensreform* herbeiführen, all das natürlich nach dem Diktate der alleinherrschenden, jeden Widerspruch schwer strafenden Nationalsozialistischen Partei. Das Programm sieht vor „die Unterdrückung aller schädigenden Einflüsse in Schrifttum und Presse,

Büchern, Kunst und Lichtspiel", „Unterdrückung aller Presseerzeugnisse, die gegen die Belange des deutschen Volkes verstoßen". Dazu sagt das von Hitler mit einem Geleitwort versehene Buch von Gottfried Feder, „Der deutsche Staat auf nationaler und sozialer Grundlage" im Abschnitte Kulturpolitik: „Die kulturpolitische Aufgabe eines großdeutschen nationalsozialistischen Staates wird zunächst eine ungeheure Reinigungsarbeit sein; eine Reinigung unserer Kunst, Literatur und Wissenschaft, Theater, Presse sowie unserer Hochschulen von den verderblichen Einflüssen des jüdischen Geistes" (S. 187). Damit ist der Anfang gemacht mit einem kulturellen Ausnahmegesetze, das eine Parteidiktatur selbstherrlich gibt und ausführt nach ihrer Parteimeinung davon, was „gegen die Belange des deutschen Volkes verstößt". Die Aufgaben der Kultur und des Lebens gemäß dem Geiste deutscher Sittlichkeit darf ein Volk niemals einer Parteidiktatur überlassen, zumal wenn deren Gründer und Agitatoren heute ihre politischen Gegner auf der Straße überfallen und mißhandeln, deren Versammlungen durch Lärm zu sprengen suchen, im Parlamente nach Belieben Lärm schlagen, [//3//] um die Erledigung der parlamentarischen Arbeiten zu hindern. Einer solchen Partei die Diktatur über Kultur, Sittlichkeit, Recht, Wissenschaft zu überlassen, wäre ein Frevel.

3. Die Nationalsozialisten lehnen jeden geistigen Kampf mit ihren Gegnern ab, lassen sich mit diesen nicht einmal ein auf eine sachliche Auseinandersetzung über den Inhalt des nationalsozialistischen Programms: Sie wollen ja auch gar nicht abwarten, bis sie durch sachgemäße Empfehlung und Begründung ihres Programms eine Mehrheit im Volke für sich gewonnen haben. Als Weg zur diktatorischen Alleinherrschaft über den deutschen Staat kennen sie nur die *bewaffnete Überrumpelung* der heutigen Machthaber. Diese verspricht nur dann Erfolg, wenn es vorher gelingt, das öffentliche Leben des demokratischen Volksstaates in Verwirrung, in ein Chaos zu stürzen. Dieses Chaos wollen sie vorbereiten, indem sie an den Wahlen teilnehmen einmal in der Absicht, um möglichst viele Wähler durch die bombastischen

Versprechen einer sofortigen Rettung des deutschen Volkes aus
nationaler und wirtschaftlicher Bedrückung an sich zu ziehen, sie
als Überläufer dem Kampfplatze zu entziehen, damit mattzuset-
zen. Denn die Eroberung der Herrschaft der Diktatur über den
Staat erwarten die Nationalsozialisten nicht von einer revolutionären Erhebung der Volksmassen. Die Eroberung ist vorbehalten
dem Marsch der Zweihunderttausend nach Berlin; dieser bewaffnete Stoßtrupp von Mutigen, die ihr Leben freudig einsetzen,
besorgt schon nach dem Vorbilde der russischen Rotgardisten
und der italienischen faschistischen Miliz den Sieg, wenn nur erst
die Träger und Anhänger des heutigen Volksstaates seelisch und
moralisch zermürbt, vor allem hinreichend terrorisiert sind. Diese
Zermürbung und Einschüchterung namentlich der bürgerlichen
Parteien dient ebenfalls die Teilnahme der Nationalsozialisten an
den Wahlen und Parlamenten, und sie hatte mit ihren Gewalttätigkeiten auch überall dort, wo nicht die Anhänger des Volkssta-
tes sich kräftig gegen den Terror zur Wehr setzten, den Erfolg,
daß die Gegner der Nationalsozialistischen Partei während des
Wahlkampfes in der Öffentlichkeit nicht zur Worte oder doch
nicht zur Geltung kamen. Der Wahlkampf gab ferner die Gele-
genheit zur Parade und zum Manöveraufmarsche der „Armee
Hitlers", zur Bekundung ihres Glaubens an den Sieg. Damit ging
Hand in Hand ein Zeitungsfeldzug gegen Skandale in den Reihen
der gegnerischen Parteien. Auf Grund einer organisierten gehei-
men Späherei und Zuträgerei wurde nach dem Vorbilde der Re-
volverpresse das Privatleben von führenden Persönlichkeiten
dem Tagesklatsch preisgegeben, vornehmlich auf etwaige „Berei-
cherung auf Kosten der notleidenden Allgemeinheit" unter Anwendung von Verdächtigungen untersucht. Mit der Erörterung
von Belastungsstoff wurde anderen Personen gedroht, falls die
nicht aus der politischen Öffentlichkeit verschwänden. Der
Zweck all dessen ist, von der führenden Beteiligung im bürgerlichen politischen Leben abzuschrecken, so das politische Terrain
für die Nationalistische Partei in Beschlag zu nehmen. Dann wäre
vor dem Volke festgestellt, daß Mut, Tapferkeit, Wille zur Aktivi-

tät, Glaube an die eigene Sache nur mehr bei den Nationalsozialisten [//4//] zu Hause sei. Vor diesen Rettern des Vaterlandes zögen sich ja die Vertreter der Demokratie feige und schuldbewußt zurück.

Deshalb benützt die Nationalsozialistische Partei, wie ihre heutige Beteiligung an Wahlen und Parlament, so auch ihr *Parteiprogramm* nur als vorübergehendes *Werbemittel*. Es sagt mehr, was alles unter der Herrschaft der nationalsozialistischen Diktatur nicht mehr geduldet und vorhanden sein soll, als daß es Auskunft darüber gäbe, was und wie anderes dafür von jener Diktatur aufgebaut werden soll; wie sie z.B. nach Brechung der inneren „Zinsknechtschaft" noch die uns für die Zukunft zum Schicksal gewordene kapitalistische Wirtschaftsweise, also die Geldwirtschaft, aufrechterhalten will, wie sie ferner ohne Gefährdung des deutschen Volkes kurzweg die äußere „Zinsknechtschaft" brechen will durch Verweigerung jeder Reparationszahlung und jeder Zinszahlung für die uns unentbehrlichen Anleihen beim Auslande. Auf Anfragen aus dem Auslande hat Hitler schon bedeutende Rückzüge von den bisherigen Versprechungen einer Brechung der Bestimmungen des Versailler Diktates vollzogen mit der burschikosen, aber wenig imponierenden Begründung. „Es kommt nicht auf unser Wollen, sondern auf unser Können an." Im Parteiprogramm fehlt dieser wichtige Satz. Im November 1930 haben denn auch die nationalsozialistischen Vertreter im Auswärtigen Ausschusse des Reichstages nicht gewagt, dem kommunistischen Antrage auf sofortige Einstellung aller Zahlungen aus den Verpflichtungen des Young-Plans zuzustimmen; sie haben sich, da sie gestellt wurden, um Farbe zu bekennen, feige ihrer Stimme enthalten. Auch über die neue Wirtschaftspolitik und Sozialpolitik sagt das nationalsozialistische Programm fast nur Allgemeinheiten. Dagegen sagt das Programm jedem erfahrenen Politiker deutlich, wie verantwortungslos die Nationalsozialisten mit dem außenpolitischen Schicksale Deutschlands, das völlig in den Händen der Siegerstaaten liegt, und mit den geschichtlich gewordenen Grundlagen des Staatshaushaltes und

der nun einmal freien Wirtschaft umspringt; denn es sagt revolutionäre Änderungen zu, die nicht einmal fachmännisch geklärt
und geprüft sind, geschweige denn irgendwo auch nur in einem
engbegrenzten Verwaltungs- und Wirtschaftsgebiete, sich bewährt haben. Dieses Vorgehen erinnert an das Vorgehen sozial-
demokratischer Agitation in den Zeiten, als die Sozialdemokratie
in der erbitterten Opposition stand. Da fiel, als man jahrelang
vertretene sozialdemokratische Programmsätze fallen lassen
mußte, das Wort: „Mögen diese Programmsätze auch falsch sein,
jedenfalls haben sie gute Dienste getan", nämlich für die Köde-
rung leichtgläubiger Anhänger. Auf jeden Fall wird die Nationalsozialistische Partei, falls sie zur Diktaturherrschaft gekommen
ist, selbstherrlich und ohne Rücksicht auf die früher, als man
noch werben und den zu Werbenden um den Bart gehen mußte,
gemachten Programmversprechungen bestimmen, was dann
beliebt wird, bzw. wozu dann die harten Tatsachen zwingen.
Man kann dann ja wiederholen: „Es kommt nicht auf unser Wollen, sondern auf unser Können an."

4. Das wirksamste Angriffsmittel der nationalsozialistischen
Werbearbeit ist die Anklage, daß die bisherigen Machthaber im
Staate, *die Träger* [//5//] *der Demokratie und der parlamentarischen
Regierung*, sich ob der Uneinigkeit *unfähig erwiesen* zu einer star-
ken Regierung, und ob ihrer Ratlosigkeit gegenüber offenbaren
öffentlichen Mißständen auch unfähig zum Meistern der großen
Staats- und Gesellschaftsaufgaben. Das sei auch die dumpfe
Überzeugung der zahllosen mit den gegenwärtigen Zuständen
Unzufriedenen und vom neuen Volksstaate Enttäuschten. Deren
Zahl ist namentlich groß unter den Volksgenossen, die sich um
die Politik des Staates nicht kümmern, darum einen kindlichen
Aberglauben an die Allmacht des Staates hegen, welche nur des-
halb nicht in Bewegung gesetzt werde, weil es den Verantwortli-
chen an gutem Willen und an kräftigem Zugreifen fehle. Solche
unpolitische Leute sind nun die geeignetste Gefolgschaft für eine
Diktatur, „die Staatsform von politischen Analphabeten". Ihre
Forderung nach Schlußmachen mit allem Kapitulieren vor Wi-

derständen und mit allen Kompromissen, ihrem Verlangen nach
einem radikalen Abstellen der schreienden Mißstände kommt der
Nationalsozialismus mit seinem martialischen Auftreten, mit
Versammlungssprengen und Niederschlagen der Gegner entgegen. Da bewähren sich die ersehnten starken Männer. Da wird im
Juden und seinem Großleihkapital endlich der Hauptschuldige
für alle Not des Volkes entlarvt; das Staatsbürgerrecht wird ihm
abgesprochen, dem Leihkapital der Zins versagt. Das Brechen der
Zinsknechtschaft wird als die äußere und innere wirtschaftliche
und staatliche Rettung des deutschen Volkes bezeichnet. Es tut
keinem Deutschen, sondern nur dem Juden wehe. Ist er einmal
durch die Herrschaft des Nationalsozialismus unter Fremdherrschaft gestellt, kann er, soweit sich der jüdische Geist als Krebs-
schaden an der deutschen Kultur erweist, die Juden als lästige
Fremde „abschieben", dann ist der Schaden am deutschen Volke
mit der Wurzel ausgerottet. Der Rasseninstinkt ist leicht wild zu
machen; mit ihm kann man die dumpfe Masse berauschen. Und
mit Gewaltmitteln zu arbeiten ist ja die Stärke des Nationalsozialismus. Zugleich ist der Angriff des marxistischen „jüdischen"
Sozialismus auf das Produktionskapital, das Industriekapital,
abgelenkt auf das jüdische Leihkapital. So kann sich der Nationalsozialismus als Unternehmerschutztruppe auftuen und sich
für die von dem Industriekapital empfangenen Geldunterstüt-
zungen dankbar erweisen. Mit Recht hat der Abgeordnete Soll-
mann am 26. November 1930 zu Köln erklärt: „Wir lassen nicht
zu, daß die deutsche Arbeiterklasse im Dienste der Schwerin-
dustrie, des Großgrundbesitzes, abgesetzter Fürsten und reaktio-
närer Würdenträger nur gegen ein Teilgebiet des Kapitalismus
mobil gemacht wird." Denn glüht nach eigenem Bekenntnisse die
Nationalsozialistische Partei von Eifer „gegen alle soziale Unge-
rechtigkeit", dann soll sie nicht die Nutznießer des Leihkapitals
als Scheusale schimpfen und ihre Entrechtung fordern, dagegen
die Nutznießer des Arbeits- oder Produktionskapitals als Wohltä-
ter des Volkes erheben und die Arbeiter zur Dankbarkeit gegen
sie auffordern (vgl. G. Feder a.a.O. 68, 69, 189).

Der Nationalsozialismus spekuliert also mit seinem Radikalismus und seinem Streben nach der Diktatur auf die *Hilflosigkeit* der breiten unpolitischen Massen als den besten Nährboden der Radikalisierung. Jene Hilflosen [//6//] verfallen in kindlicher Naivität dem Banne des überragenden Willens zur Macht, vor allem, wenn dessen Bekenner zugleich gewalttätig vorgehen gegen alle, die ihnen entgegentreten oder widerstehen; sie verfallen den Lockungen der Demagogie, welche die Knechtschaft umschmeichelt und verantwortungslos alles verspricht, was der Spießbürger an Ordnung, Ruhe und Sicherheit sich von oben her, ohne eigenes Mühen und Ringen, bereitgestellt wünscht. Damit rächt sich, daß die bürgerlichen Parteien sich nach der Revolution begnügten mit der Aufrichtung der Formaldemokratie, die von der Bürokratie der Parteiorganisation im Lande und von der Bürokratie der Parlamentsfraktionen verwaltet wird; beide schwebten über den Bürgern, denen sie in volkstümlichen, volksnahen Persönlichkeiten nicht bekannt waren, deren Mißtrauen in dem Maße wuchs, als die Erwartungen der vielen Wähler, die sonderbarerweise nach einem verlorenen Kriege besser als vor dem Kriege leben wollten, enttäuscht wurden. Die enttäuschten, politisch unmündigen Philister, von Goethe artig verspottet als ein „Darm, angefüllt mit Furcht und Hoffnung", sind auf dem politischen Kampffeld die rechte Beute für die in Wort und Handeln radikale nationalsozialistische Politik, hinter der im Hintergrund die Waffe als letzte staatliche Machtmittel winkt und den politisch entmannten Bürger vor die Wahl zwischen Zuckerbrot und Peitsche stellt.

Mit der Waffe haben ja auch im November 1918 die Revolutionäre die Macht erobert, die sich gegen den Bürger wandte und ihn entthronte. Nun soll die Waffe den Bürger wieder zur politischen Macht über den Marxismus und Bolschewismus führen, denen der Philister nur blöde Angst entgegenzubringen weiß. Warum sollen da die Knechtseligen nicht dem Nationalsozialismus als dem Retter sich in die Arme werfen? Warum sollen sie es zum wenigsten nicht einmal mit seiner Politik, die so reiche Ver-

114

sprechungen macht, versuchen? Ist ja „Vaterland und Nation!"
ihre Parole. Man kann als national gelten und dabei enteignende
sozialistische Radikalmittel, wenigstens gegen das Leihkapital,
gründlich in Anwendung bringen, sogar eine Revolution mitmachen. Man würde sich schämen, mit den sozialdemokratischen
und kommunistischen Proletariern revolutionäre Politik zu machen. Aber Industriekapitalisten, Offiziere, Adelige, ja Prinzen
bekennen sich zum Nationalsozialismus. An ihrer Seite kann man
ungescheut den Radikalismus und eine Gegenrevolution mitmachen. Übrigens ist, vom blöden antisemitischen Fanatismus abgesehen, der Nationalsozialismus dem italienischen Faschismus wie
ein Ei dem anderen ähnlich. Und hat dieser nicht den Bolschewismus und die Sozialdemokratie vom Erdboden verschwinden
gemacht, hat er nicht Ordnung im Lande und dem friedlichen
Bürger Ruhe und Sicherheit geschaffen? Hat nicht der Papst mit
Mussolini Friede geschlossen, also seine Machtstellung anerkannt? Erkennt nicht der italienische Klerus manche wohltätige
Wirkungen seiner Herrschaft an? Hat aber der italienische Faschismus anders als durch seine bewaffnete Miliz Ordnung, Ruhe, Sicherheit, inneren Frieden in Italien herbeigeführt? Mit der
bloßen Polizei wäre ihm das nicht möglich gewesen. Gewiß
[//7//] hat er alle freien politischen Parteien beseitigt, die Abgeordneten und selbständigen Zeitungen mundtot, die nach seiner
Wahlliste gewählte Volksvertretung zu einem Haufen von Ja-
Nickern herabgedrückt, der Demokratie und der parlamentarischen Regierung den Garaus gemacht. Aber ist nicht dem politisch Unmündigen die volksfreiheitliche, demokratische Selbstre-
gierung, ohne daß er sie wünschte, in den Schoß gefallen? Er hat
doch nicht für sie gekämpft. Und eine Volksbewegung für nationale Erweckung und staatsbürgerliche Bildung und Schulung hat
doch auch keine bürgerliche Partei in Deutschland in das Werk
gesetzt. Politischer Aktivismus, außer plötzlich bei den Wahlen,
haben sie ihren Wählern nicht aufgezwungen, auch nicht zuge-
mutet. Was ist uns also eine über uns schwebende, in den Ge-
meinderäten, Parlamenten und Zeitungen sich abspielende De-

mokratie wert, wenn sie ob der Parteieifersucht und immer wiederkehrender Regierungskrisen, ob des gegenseitigen Mißtrauens
und Anfeindens keine starke und stetige Regierung aufbringt,
nun gar bei der Sanierung der Reichsfinanzen und der Wirtschaft
sich hilflos erweist, so daß der Reichspräsident die Vormundschaft übernehmen und in Notverordnungen schaffen muß, was
eine rechte Demokratie selbst zu leisten hätte. Die so reden, sind
zumeist politisch Verantwortungslose und Unmündige. Wenn
das Parlament nicht zur Einheit und Kraft kommt, so liegt die
Schuld daran letztlich an der Uneinigkeit des „Volkswillens", den
die Volksvertreter darzustellen haben, also an der wachsenden
Zersplitterung der Meinungen und vor allem der Interesseforde-
rungen der Wähler, die sich von den geschichtlichen großen Parteien, die schon aus sich auf Einigkeit drängten, absplitterten und
eine eigensinnige, kleine Splitterpartei, jedes Grüppchen für sich,
in die Volksvertretung schickten. So stammt die Uneinigkeit und
teilweise Ratlosigkeit des demokratischen Parlaments von dem
Mangel an staatspolitischem Einheitswillen der Wähler, also der
Bürger und Bürgerinnen, von denen nach der Verfassung die
Staatsgewalt ausgeht, die also erstlich die Vollmacht und Pflicht
des Landesvaters und der Landesmutter ist, die früher dem Fürsten und der Fürstin oblag. Und diese adelnde Vollmacht, diese
Statthalterschaft Gottes, des Lenkers der Geschichte der Volksfamilie, wollet ihr aus Scheu vor der Ehre der staatsbürgerlichen
Selbstverwaltung von euch weisen, dem sinnlosen und zerstö-
renden Radikalismus euch hingeben oder ihm durch eure Taten-
losigkeit den Weg frei machen, damit einer Parteidiktatur, die es
in Deutschland noch nicht gab, euch als Sklaven unterwerfen?

5. Soviel zur Kennzeichnung des nationalsozialistischen
Rechtsradikalismus, der als staatspolitische und nationale Verir-
rung, wie eine Springflut neben dem marxistisch-sozialistischen
Linksradikalismus sich erhoben hat, begrüßt vom russischen Bolschewismus, der die sozialistische Weltrevolution erstrebt und in
dem zu revolutionären Maßnahmen sich bekennenden Nationalsozialismus seine Vorfrucht erblickt; denn er entfesselt den offe-

nen Bürgerkrieg, dessen Vorspiel die täglichen blutigen politischen Schlägereien auf unseren Straßen sind. Ein offener politischer Bürgerkrieg in dem auch wirtschaftlich geschwächten Deutschland würde die Schrecken [//8//] der November-Revolution 1918 wiederholen, das Einschreiten der Siegerstaaten in einer neuen Besatzung zur Folge haben. Der Traum von einer friedlich von dem deutschen Volke hingenommenen Herrschaft der Diktatur eines nationalsozialistischen Faschismus wäre die schwerste alle Selbsttäuschungen, denen die Deutschen zu ihrem schweren Schaden sich leider so oft hingegeben haben. Nehmen wir deshalb den neuerlichen Rechtsradikalismus ernst!

LEITGEDANKE UND LEBENSWILLE DES NATIONALEN SOZIALISMUS

1. Bei der Reichstagswahl 1930 ist die Nationalsozialistische Partei wie eine Springflut in die deutsche Wählerschaft eingebrochen. Sie riß 6,4 Millionen Wähler, gleich 18,3 vom Hundert der Gesamtwähler, an sich, teils aus dem bisherigen Bestande der bürgerlichen Parteien, teils aus der Reserve der früheren Nichtwähler und Neuwähler. Zu dem sozialistischen Linksradikalismus der Sozialdemokraten und Kommunisten gesellte sich der Rechtsradikalismus der Nationalsozialisten. Diese drei stärksten Parteien des Reichstages stellen 327 Abgeordnete, während die übrigen sogenannten bürgerlichen, zur alten Gesellschaftsordnung sich bekennenden, insgesamt 14 Parteien, nur 250 Abgeordnete aufweisen.

Die Mehrheit der deutschen Wähler bekennt sich also zum politischen Radikalismus der mehr oder weniger revolutionären Tat, der *Sozialisierung*. Denn die Politik der Anpassung der alten Staats-, Wirtschafts- und Gesellschaftsordnung an die neuen demokratischen und sozialen Forderungen wird von der Mehrheit des deutschen Reichstages verworfen. Gilt den Trägern der alten Anpassungspolitik als Strukturgedanke der Gesellschaft: Jeder einzelne vertritt im Volksganzen seine berechtigten Eigeninteres-

sen im freien Wettbewerb aller gegen alle, wobei er das Gemeinwohl durch den gerechten Ausgleich der Einzelinteressen zu
wahren hat, so lautet der gemeinsame Leitgedanke aller Vertreter
einer sozialistischen Gesellschaftsordnung: Jeder Volksgenosse ist
geborenes Glied der Volksgemeinschaft oder Gesellschaft. An die
Stelle der Ichsucht und Selbstsucht hat zu treten der pflichtbe-
wußte Wille jedes Volksgenossen, überall nur dem Wohle des
Gesamtvolkes zu dienen. Jeder Bürger muß seine wirtschaftliche,
soziale, politische Arbeit als Dienstpflicht am Volke ausüben. Alle
seine gesellschaftliche Betätigung ist Erfüllung der Arbeitsdienstpflicht am Volke, das alle Volksgenossen in gleicher Gerechtigkeit und Liebe betreut. Jeder echte sozialistische Bürger ist stolz
darauf, aus freiem Entschlusse sich zu dieser Ehrenpflicht zu
bekennen und sie freudig zu erfüllen aus dem Lebenswillen zu
einer höheren, edleren Volksgemeinschaft der Freien, in der es
keine verknechtende und bedrückende Machtherrschaft von
Volksgenossen über Volksgenossen mehr gibt.

Daß dieser Leitgedanke und Lebenswille jedes Sozialismus
nun von der Mehrheit der deutschen Wähler gebilligt, gewollt ist,
so ernst und entschlossen, daß sie als Mittel der Durchführung
dieses Willens radikale, revolutionäre Maßnahmen fordern, bedeutet eine *Wende in der politischen Einstellung* [//9//] des deutschen Volkes. Es ist kleinlich, wenn man glaubt, diese Wendung
als Folge der Verzweiflungsstimmung ob der Wirtschaftsnöte,
also als eine vorübergehende Augenblicksstimmung hinreichend
erklären zu können. Wer einmal eine sozialistische Partei unter
Ablehnung der bürgerlichen Parteien gewählt hat, der hat mit
einer überlieferten politischen Grundanschauung gebrochen und
einer radikal gegensätzlichen, zu revolutionären Mitteln sich bekennenden Partei sein Vertrauen erklärt. Er hat eine Lebensan-
schauung und einen Lebenswillen gewechselt. *Allem verbrämten
oder gemäßigten,* in gewisse Schranken zurückgewiesenen *Individualismus hat er die radikale Absage erteilt;* er hat das Bewußtsein:
früher stand ich auf dem Kopfe, jetzt habe ich mich auf meine
Beine gestellt. Statt individualistisch, denkt er nun universalis-

tisch, jedenfalls aber kollektivistisch oder massenindividualistisch. Es bedeutet einen schlechten Trost, wenn man darauf hinweist, daß die drei sozialistischen Gruppen sich bitter hassen und bekämpfen in den Ansichten über die Mittel und Wege der sozialistischen Vergemeinschaftung. Überließe man diese feindlichen Brüder ihrem Kampfe um die Macht, lehnte man es auf bürgerlicher Seite ab, den radikalisierten universalistischen Lebenswillen zu einer echten Volksgemeinschaft in allem, was *geistig-organische Lebensgemeinschaft* schafft und einst, in der Jungmannschaft unseres Volkes, auch noch in der vorkapitalistischen Zeit, verwirklichte, nun wiederum zu verwirklichen, so würde die Masse der Industrieproletarier, Arbeiter und Angestellte, also die Mehrheit der Sozialisten, jedenfalls die Nationalsozialisten, also die Minderheit, an der Durchführung ihrer Pläne hindern, dafür aber dem Bolschewismus anheimfallen. Denn die demokratische Einstellung der Sozialdemokraten vermag sich gegenüber der Haltung der vom Bolschewismus angesteckten Kommunisten nicht zu behaupten, wenn die bürgerlichen Parteien nicht die Forderungen einer sozialen Demokratie ernstlich erfüllen, und zwar vornehmlich in der Beseitigung alles knechtenden, bedrückenden, die gesellschaftliche Ebenbürtigkeit der Besitzlosen verleugnenden Willens zur Herrschaft von Menschen über Menschen. Diese seelische Sozialreform kostet kein Geld, ist aber die Hauptforderung der gesellschaftlich Aufwärtsdrängenden. Der Gedanke gar, man könne es auf einen Bürgerkrieg der Sozialisten unter sich, also auf deren gegenseitige Vernichtung ankommen lassen, ist verblendet und verbrecherisch.

2. Wie der marxistische Sozialismus nur als seelisches Problem letztlich zu verstehen ist (vgl. A. Pieper, Kapitalismus und Sozialismus als seelisches Problem), so noch mehr der nationale Sozialismus. Ist jener als politische Partei geboren und gewachsen, so hat der nationale Sozialismus es anfangs abgelehnt, als Partei aufzutreten, mit der Begründung, er erstrebe vor allem eine *Lebensreform* und sei vorerst eine Weltanschauung. Seitdem er als Partei an den Wahlen und am Parlamente sich beteiligt, unterläßt

er nicht zu betonen und durch seine Handlungen zu beweisen, daß ihm Parteileben und Parlament nur eine Plattform ist, von der aus er die Demokratie und den Parlamentarismus zu verwirren und zu lähmen sucht. Er bekennt sich deshalb als eine *völkische Bewegung* zur Erneuerung der deutschen [//10//] Volksgemeinschaft gemäß den Forderungen der deutschen Sittlichkeit. Darum spielt das Rassenproblem bei ihm eine führende Rolle. Deshalb gilt der nationale Geist als die schöpferische Kraft all seiner politischen, wirtschaftlichen, sozialen und kulturellen Forderungen. Darum bekämpft er in dem marxistischen Sozialismus, nicht minder in der heutigen Demokratie und in ihrem Parlamentarismus den Geist des Materialismus und Mammonismus. Darum fordert er von seiner Kampftruppe den Heroismus, den Einsatz des eigenen Lebens; er ist der Überzeugung, daß die Vertreter des Parlamentarismus nicht den Mut aufbringen, für ihre Sache mit der Waffe zu kämpfen und auch zu fallen. So steht hinter der Nationalsozialistischen Partei ein tatbereiter *Lebenswille* zur Verwirklichung einer mit Ergriffenheit erlebten Lebenswahrheit, nämlich der von der „Fülle der Zeit" geforderten neuen, menschenwürdigen Volksgemeinschaft. Eine irrationale Lebenswahrheit, die nicht abstrakte logische Wahrheit ist, darum auch den von ihr ergriffenen Lebenswillen, kann man nicht logisch, abstrakt widerlegen, sondern nur überwinden durch den Erweis der Lebensfruchtbarkeit eines anderen Lebenswillens zur Verwirlichung einer Lebenswahrheit, die der Forderung der „Fülle der Zeit" vollauf gerecht wird. Auf diesen Erweis hat Christus, unter Ablehnung der Schulweisheit der Schriftgelehrten sowie des von den Pharisäern geforderten Zeichens vom Himmel, die Lebenswahrheit seiner Lehre gestützt. Dem Staatsmanne sagt sein staatspolitischer Sinn, das schauende liebevolle Verständnis der Lebensnotwendigkeiten und Lebensmöglichkeiten seines Volkes, seiner Nation, aus der er sich geboren weiß, welche Politik das geheimnisvolle Schicksal seiner Nation meistert, also lebenswahr ist. Er prüft die Lebenswahrheit an dem von Goethe geprägten Richtmaße: „Was fruchtbar ist, allein ist wahr." Darum kann man den marxistischen Sozialismus, hinter dessen rationalen Programmsätzen der Lebenswille zur Verwirklichung der Lebenswahrheit einer edleren Volksgemeinschaft lebt und drängt, nicht totreden, nicht logisch widerlegen (a.a.O. 63). Darum ist er an dem Versagen mancher wissenschaftlicher Lehrsätze und politischer Forderungen seines Parteiprogramms nicht zugrunde gegangen. Somit kann man auch den Lebenswillen des nationalen Sozialismus nicht logisch wiederlegen, nicht mit der Kritik seiner Programmforderungen totreden. Um so weniger, als seine Führer mit vollem Rechte betonen, sie seien keine Intellektualisten, die ein abstraktes System zu Ehren bringen wollen, sondern Tatmenschen, die eine große Reinigungs- und Erneuerungsarbeit aus dem nationalen Lebenswillen vollziehen wollen und bereit sind, für dieses Wagnis auch ihr Leben einzusetzen. So lehnt auch Mussolini die, übrigens unmögliche, wissenschaftliche Begründung seines nationalen Sozialismus faschistischer Prägung überlegen ab; er hat einem Professor der Soziologie erklärt, die wissenschaftlichen Abstraktionen der Gelehrten seien von aller schöpferischen Lebenskraft entkeimt, sterilisiert, daher unfruchtbar; die Professoren brächten deshalb nie einen heldenhaft wagenden Tatwillen auf, noch weniger setzten sie für ihre Abstraktionen ihr Leben auf das Spiel. Während der wissenschaftliche Sozialismus der Marxisten an dem Aberglauben krankt, das Leben sei exakt-wissenschaftlich [//11//] zu ergründen und darum auch zu begründen, nennt sich der neue, rechtsradikale Sozialismus mit gutem Instinkte national, nicht wissenschaftlich. Die abstrakte Wissenschaft ist zu vielem nütze, nur nicht zur Erweckung und schöpferischen Gestaltung einer Lebensreform, einer Erneuerung des deutschen Volkes. Die Nation ist dagegen kein Abstraktum, sondern Staatsvolkpersönlichkeit, deren Gesetz das Ethos der nationalen Ehre und Freiheit als Selbstverantwortung alles Tuns und Lassen, auch ihres dunklen, geheimnisvollen Schicksals ist, deren Sinnen und Trachten, heldenhaftes Handeln und Leiden nur der Ehre, Größe und Macht der Nation gilt. Deren Bewährung ist die meisterhafte praktische Staatskunst, die man nicht mit schulmäßigem Wissen und Können sich mechanisch aneignen, gar auswendig lernen kann, sondern nur aus schöpferischer, genialer Begabung in sich züchten kann, die man also im geistigen Blute, sozusagen in dem geistigen Augenmaße, in den Fingerspitzen besitzen muß, von der leider die Parteischulen meistens nicht einmal eine Ahnung haben. Darum war der schöpferisch so außerordentlich begabte Otto von Bismarck, darin dem Reichsfreiherrn vom Stein so ähnlich, so erbost gegen jene Gegner in der Volksvertretung, die ihn mit advokatischen Kniffen und Pfiffen oder gar mit Schul- und Buchweisheit glaubten widerlegen zu können. Er ließ die Zeitungen seine Politik benörgeln und bekämpfen; aber er wehrte sich, in allen außenpolitischen Fragen mit vollem Rechte, dagegen, daß im Reichstage, wo folgenschwere Beschlüsse zu fassen waren, ihm engbrüstige Nationalisten und geistige Mechaniker das Werk seines schöpferischen Staatskunstsinns verpfuschen wollten. Ihnen allen fehlte der Staatskunstsinn, der staatspolitische Sinn für nationale Lebenswahrheit, den die englische Volksvertretung so hoch schätzt und so fruchtbar pflegt, während sie den im übrigen mit Respekt behandelten französischen Politikern gerne vorhält, sie gäben sich immer wieder dem Irrtum hin, daß die Politik ihre Logik habe (vgl. die Aufsätze von Anton Heinen. „Die Welt des Abstrakten und die Welt des Konkreten" in der „Führer-Korrespondenz" 1930, zweites und drittes Heft). Und gerade weil unsere heutige Formaldemokratie und ihr Parlamentarismus in Abstraktionen leben, bekämpft sie der nationale Sozialismus aus gesundem nationalen Instinkte so leidenschaftlich und mit so selbstsicherer Überlegenheit. Schade ist nur, daß seinem nationalen, noch chaotischen Lebenswillen die notwendigen Hemmungen fehlen, weshalb er einem wilden, gar oft handgreiflichen Radikalismus verfallen ist.

Umso mehr müssen seine Gegner sich bemühen, dem richtig weisenden universalistischen Lebensdrange zu einer geistigorganischen, korporativ gestalteten neuen Volksgemeinschaft die Wege zu einer schönen und lebenswahren Ordnung tätig vorzuleben, nicht bloß mit Worten entgegenzuhalten. Es ist heute eine Binsenwahrheit, daß die deutschen Katholiken, namentlich im Volksverein, eine sozialpolitische, staatspolitische und nationale Staatskunstweisheit darin bewiesen, daß sie seit den neunziger Jahren, statt die selbst von der Reichsregierung beliebte rationale, mechanische Sozialistentöterei mitzumachen, statt den Sozialismus rein moraltheologisch, dogmatisch-theologisch, philosophisch aus der Welt schaffen zu [//12//] wollen, den starken, vom schöpferischen Logos und Ethos beschwingten Lebenswillen zur aufbauenden, die Gesellschaft und den Staat erneuernden Sozialreform als das letzthin einzig wirksame, also fruchtbare und lebenswahre Mittel der inneren Überwindung des chaotischen Radikalismus im antiindividualistischen, leider erst kollektivistischen, nicht schon universalistischen, Lebenswillen des marxistischen Sozialismus zu einer neuen menschenwürdigen Volksgemeinschaft beharrlich vorlebten. dadurch haben sie die Sozialdemokratie zur staatsaufbauenden Arbeit, zur praktisch-sozialen Reformarbeit, zum nationalen Sinn und Lebenswillen schon weithin erzogen. Siehe Braun und Severing! Die gleiche Staatskunstweisheit, vor allem den gleichen starken, *aktivistischen Lebenswillen zur Aufbauarbeit* haben die deutschen Katholiken zu beweisen im geistigen Ringen mit dem rechtsradikalen nationalen Sozialismus. Er bejaht von vornherein die Freiheit des produktiven Privateigentums und der schaffenden Arbeit, die Lebenswahrheit der korporativen berufsständischen Gliederung der Volksgemeinschaft, die stolze Ehre aller gesellschaftlichen Arbeit in der Arbeitsteilung und Arbeitsvereinigung als nationaler Arbeitsdienstpflicht, den Kampf gegen die Wirtschafts- und Lebensgesinnung des Materialismus und Mammonismus. In alledem ist er der Sozialdemokratie heute noch vielfach voraus im Ringen um die menschenwürdige schöne Ordnung unserer, in einer schweren Übergangskrise stehenden Volksgemeinschaft. Uns Katholiken ist er noch etwas voraus in der Erhebung aller gesellschaftlichen Arbeit zur selbstverständlichen, von unserer Ehre uns gebotenen Pflicht des Arbeitsdienstes am Wohle der

Volksgemeinschaft, auch in dem Preise der Würde der echten Volksgemeinschaft, die ihm mehr ist als der gerechte Ausgleich der berechtigten Einzelinteressen, namentlich in der Ergriffenheit von dem Ethos des Staatsgedankens der nationalen Ehre und Freiheit, also vom nationalen Bewußtsein und nationalen Lebenswillen.

Auch die Katholiken haben teil an den menschlichen Schwächen. Das Aufsteigen der Sozialdemokratie zu einer staatlichen, wirtschaftlichen, sozialen und weltanschaulichen Macht hat die große Mehrheit der Katholiken erst moralisch zwingen müssen zu einer weitschauenden, vor Widerständen nicht haltmachenden Sozialpolitik; nun tut unserem, der Statik so weithin verfallenen Beharrungswillen der nationale Sozialismus den unfreiwilligen Liebesdienst, daß er, dem dunklen nationalen Drange zahlloser Volksgenossen entgegenkommend, darum zu einer nationalistischen, von gewaltigem Aktivismus belebten Macht geworden, uns moralisch zwingt, einen ebenso starken nationalen Lebenswillen in uns zu erwecken und zu pflegen, wie wir schon einen starken sozialen Lebenswillen uns erarbeiteten.

Erst als Ausdruck seines nationalen und sozialen Lebenswillens hat das Programm der Nationalsozialisten, so unfertig es ist, eine so nebensächliche Rolle es in ihrem Aktivismus auch noch spielt, Bedeutung. Als solchen wollen wir es denn auch würdigen. Es hieße fruchtlose Arbeit unternehmen, wollte man die Auseinandersetzung mit dem nationalen Sozialismus vornehmlich oder allein aufgehen lassen in einer logischen, praktisch-politischen Polemik gegen die vielen „undurchführbaren" Forderungen des nationalsozialistischen [//13//] Parteiprogramms. Voraussichtlich würde sie uns dann keiner ernsten Antwort würdigen; vielleicht würden sie mit Bismarck denken: „Dorüwer lache ik!"

*

[Nr. 4]

„Wie ist der Nationalsozialismus zu werten?"

(1931)

[August Pieper:] Wie ist der Nationalsozialismus zu werten? Der Lebenswille des Nationalsozialismus. Die Träger des Lebenswillens des Nationalsozialismus. Die Mittel der dynamischen Überwindung des radikalen Nationalsozialismus. Die Taktik der bürgerlichen Parteien gegenüber der Nationalsozialistischen Partei. In: Führer-Korrespondenz. Zeitschrift für das soziale Vereinswesen 44. Jg. (1931), 2. Heft, S. 56-67. [UuLB Münster Sign. Z 6245]

Vgl. zu jener Gruppe von Texten A. Piepers, die zuerst 1931 in der Führer-Korrespondenz (44. Jahrgang) erschienen sind, bereits die einleitenden Ausführungen zur vorangegangenen Abteilung (→Nr. 3) dieses Quellenanhangs. Nachfolgend werden fünf – inhaltlich zusammenhängende – Texte aus der Führer-Korrespondenz Nr. 2/1931 dokumentiert, die schon Rudolf Padberg in einer Bibliographie August Pieper zugeordnet hat (R. PADBERG, Kirche und Nationalsozialismus am Beispiel Westfalen, Paderborn 1984, S. 225). Sie sind 1931 zumindest z.T. erneut verbreitet worden über einen von der Zentralstelle des Volksvereins für das katholische Deutschland herausgegebenen Sonderdruck „Der Nationalsozialismus und die Katholiken".

WIE IST DER NATIONALSOZIALISMUS ZU WERTEN?
[Führer-Korrespondenz 44. Jg. (1931), S. 56-59.]

Der plötzliche machtvolle Aufbruch des Nationalsozialismus in
der größten Notzeit des deutschen Volkes erinnert den gläubigen,
überall Gottes Walten im schicksalhaften Geschehen verehrenden
Menschen an das Mahnwort Christi, das er den Führern der Sy-
nagoge zurief, sie verständen nicht *die Zeichen dieser Zeit*
(Matth. 16,4) zu einer Stunde, da zweifellos in einer *Fülle der
Zeiten* (Gal. 4,4) ein Neues werden will. Damals [//57//] sagte
der Herr zu seinen aufhorchenden Jüngern über die Pharisäer:
„Lasset sie fahren. Sie sind Blinde und Führer von Blinden! Wenn
ein Blinder den anderen leitet, so fallen beide in die Grube"
(Matth. 15,14).

Blind sind die Deutschen in den Weltkrieg, in die Niederlage,
in die Revolution gestolpert, mit ihnen auch die Katholiken. Blind
haben wir in den zwölf Nachkriegsjahren Raubbau an der ver-
armten deutschen Wirtschaft getrieben, zugleich Raubbau am
Glauben des Volkes an seinen nationalen Staat. Wir verstanden
nicht die Zeichen der Zeit einer Weltwende, als der Sozialismus
seinen Aufstieg nahm; wie viele verstehen heute noch nicht seine
Sendung. Noch sind wir nicht fertig geworden mit dem Problem
des Linksradikalismus im Sozialismus, und schon meldet sich als
ein ebenso schweres Problem der Rechtsradikalismus im Nationalsozialismus. Hinter diesen beiden radikalen Volksbewegun-
gen steht die Mehrheit der deutschen Staatsbürger. Im Reichstage
vertreten 377 Abgeordnete das Programm der gewaltsamen,
durch die Diktatur einer Partei zu vollziehenden Sozialisierung,
denen nur 250 Vertreter der Reform der überlieferten Staats- und
Gesellschaftsordnung gegenüberstehen.

Diese radikale Mehrheit des deutschen Volkes hat den Glauben an die politische Einsicht der alten bürgerlichen Parteien und
noch mehr an ihren Willen zum Tragen der staatspolitischen Verantwortung verloren; verbittert sinnen sie auf gewalttätigen Um-
sturz der Staats- und Wirtschaftsordnung. Sie wissen, daß sie ein

gewagtes Spiel mit ihren noch unerprobten völlig neuen Plänen eingehen; aber sie vertrauen auf deren Gelingen, weil sie überzeugt sind von ihrer schicksalhaften Sendung an der offenkundigen Wende der Zeit, und zwar deshalb, weil sie einen starken Lebenswillen zu ernster Verantwortung und zur Selbstaufopferung im Dienste an der Volksgemeinschaft, vor allem im Dienste am Wohle der Bedrückten und Geknechteten, in sich wissen, dessen die alten bürgerlichen Parteien sich von Jahr zu Jahr mehr und mehr unfähig erwiesen.

Wer geschichtlichen Sinn und staatspolitischen Sinn aus dem Weltgeschehen gelernt hat, wer die Gesetze des Lebens der einzelnen und der Lebensgemeinschaften kennt, der zweifelt nicht daran, daß erstens Gottes Vorsehung mit jenen Gemeinschaftsbewegungen verbündet ist, die einen starken opferfreudigen, tatfreudigen Lebenswillen oder Aktivismus aufbringen und mit ihm gegen Willensschwäche, Tatenscheu, Scheu vor Verantwortung, Eigenbrötelei und Selbstsucht protestieren. Daß zweitens die Vertreter einer werdenden neuen Lebensform der Volksgemeinschaft zum Gewaltmittel des Radikalismus und der Revolution aus tragischer Notwendigkeit greifen, wenn die Vertreter der alten, daher eines Tages naturnotwendig erstarrenden Lebensform der Volksgemeinschaft in Staat, Wirtschaft, Geistesleben sich um die Anerkennung des werdenden, andrängenden Neuen herumzudrücken versuchen. Deshalb sagte Bismarck, alle Revolutionen seien die Folgen von Versäumnissen und Fehlern der bisher im Volke [//58//] maßgebenden Kreise. In ihnen wehre sich die Natur gegen alle Vergewaltigung ihrer Lebensgesetze, ihres Lebenswillens. Die alten bürgerlichen Parteien haben also allen Anlaß, von aller Selbstgerechtigkeit gegenüber dem Links- und Rechtsradikalismus sich freizuhalten, darüber hinaus sich anzuklagen, daß die Unterlassungen und Fehler ihrer Politik einen so riesenhaften Radikalismus möglich und geschichtlich notwendig werden ließen. Sie werden sich prüfen über die Ursachen ihres bisherigen Mangels an Verständnis für das instinktmäßige, naturtriebhafte neue Wollen gerade der regsamsten, tatfreudigen politischen Kräfte im Volke, auch über ihren Mangel an einem ebenbürtigen politischen Aktivismus. Zum Dritten lehrt der geschichtliche und staatspolitische Sinn als Staatskunstsinn, daß man einen vergewaltigten, dadurch radikalisierten Lebenswillen nicht theoretisch widerlegen oder totreden, sondern *nur dynamisch überwinden kann* durch einen edleren und fruchtbareren Lebenswillen, der ein reineres Ethos und eine überlegene staatspolitische Kunst im Meistern der Lebenskräfte eines Volkes aufweist. Solcher Erweis der Kraft des Geistes gewinnt innerlich die Gegner. Zwar nur dann, wenn man geistgewaltiges Ethos der Ehre und Freiheit, nicht zuerst oder allein buchgelehrte Ethik in das geistige Ringen einsetzt, und wenn für solches Ethos echte *Bekennerpersönlichkeiten*, ganze Männer, sich einsetzen, bereit, für die Durchführung ihres Tatwillens auch das Leben zu wagen. Denn nach Dostojewskis Wort kann man nur für das wahrhaft leben, wofür man auch zu sterben vermag. Er hat damit nur ein Wort Christi wiederholt. Die Nationalsozialisten rühmen sich, daß sie darin alle bürgerlichen Parteien beschämen.

Solche dynamische Überwindung, die innere Gewinnung des Gegners ist, muß aber ausgehen von dem überlegenen Bekenntnisse zu dessen tiefstem Lebenswillen. Ist man darin mit ihm einig, dann findet man leicht Gehör für vernünftige, sachliche Erwägungen der Forderungen der Ethik und der gewissenhaften Wirklichkeitspolitik. Denn in der Staatspolitik handelt es sich zuerst um Lebenswahrheiten, nicht um logische Wahrheiten. Alle irrationalen Lebenswahrheiten sollen vorerst einen Lebenswillen befriedigen, während die bloß rationalen, logischen Wahrheiten vorerst die Gesetzmäßigkeiten des logischen oder praktischen Denkens befriedigen sollen. Kurz: alle Staatspolitik ist die praktische Lebenskunst des Meisterns der Lebensgemeinschaftskräfte, die nicht aus toten, abstrakten, logischen, rationalen Gesetzen, sondern aus lebendigen, konkreten, dynamischen, irrationalen, geheimnisvollen Kräften leben. Jene erkennt man mit kausalwissenschaftlich-exaktem Wissen, diese vermag man nur mit liebevoller, an ihrer Fruchtbarkeit geprüfter Schau und vor allem mit dem Gewissen als der praktischen Vernunft zu erkennen. Wir haben denn auch gegenüber dem Linksradikalismus und Rechtsradikalismus kein gutes Gewissen, ebensowenig ein selbstsicheres Bewußtsein der rechten praktischen politischen Vernunft.

[//59//] Beurteilen wir also den Nationalsozialismus nicht zuerst und allein als ein staatliches und volkswirtschaftliches Lehrsystem – welches er durchaus nicht sein will –, sondern vornehmlich in Ergründung und Prüfung seines nationalen und staatspolitischen, dann völkischen und zuletzt erst volkswirtschaftlichen, das ist staatssozialistischen radikal-reformerischen Lebenswillens. Denn an sachlichen Ungereimtheiten, an Utopien und an logischen Widersprüchen in den theoretischen Programmsätzen stirbt der Nationalsozialismus ebensowenig, wie daran die Lebenskraft des marxistischen Sozialismus gestorben ist. Beider Lebenskraft ruht im vergewaltigten und unbefriedigten Lebenswillen zu einer höheren, menschenwürdigeren, edleren Volksgemeinschaft. Ist dieser Lebenswille zu einem Lebenssinn im wesentlichen befriedigt, dann lassen beide über die zweckhaften Mittel zur äußeren Verwirklichung jenes Lebenswillens und Lebenssinnes mit sich reden. Vorher aber nicht. Das ist dem Menschenkenner verständlich. Denn der Lebenswille und sein Lebenssinn ist für beide Volkserhebungen ein absoluter, unbedingter, letzter Lebenswert, während die zweckhaften Programmforderungen für sie nur ein relativer, bedingter Nützlichkeitswert, nicht aber ein Lebenswert sind. In der Werbearbeit einer radikalen Partei tun sie, selbst wenn sie utopisch sind, ihren agitatorischen, aufrüttelnden Dienst und werden eines Tages unbekümmert durch andere ersetzt.

Wir fragen also: Wie tritt der Nationalsozialismus als nationalistisch-staatspolitische Bewegung, als Aktivismus eines Lebenswillens vor unseren geistigen Augen in Erscheinung?

DER LEBENSWILLE DES NATIONALSOZIALISMUS
[Führer-Korrespondenz 44. Jg. (1931), S. 59-61.]

Dieser Lebenswille besagt die *Eroberung der gesetzgebenden und regierenden Staatsgewalt durch einen bewaffneten Staatsstreich*; Aufrichtung der Alleinherrschaft der Nationalsozialistischen Partei, ausgeübt durch den unverantwortlichen[4] Parteiführer. (Faschismus.) Den Rechtsanspruch auf solche gewaltsame Umwandlung der Staatsordnung begründet die Nationalsozialistische Partei mit dem Versagen der bisher an der Staatsregierung beteiligten Parteien in der Erfüllung der nationalen und völkischen, wirtschaftlichen und sozialen Lebensnotwendigkeiten des deutschen Volkes in schwerer Notzeit.

I. *Als Versagen der Erfüllung der nationalen und völkischen Lebensnotwendigkeit* bezeichnen die Nationalsozialisten:

1. Das Nichtaufbringen einer *starken und dauerhaften Staatsregierung.* Die Demokratie komme nicht aus Regierungskrisen heraus ob der Uneinigkeit der sich zur Regierung drängenden Parteien und ob der Ohnmacht gegenüber den Oppositionsparteien auf der rechten und linken Seite.

[//60//] Letzter Grund dieser Uneinigkeit und Ohnmacht sei die Verknechtung der Parteien durch die wirtschaftlichen Interessensverbände, deshalb die Scheu vor einer opferbereiten, daher unpopulären verantwortungsvollen Staatspolitik.

Solche demokratische Mißwirtschaft an der Staatsgewalt durch eine parlamentarische Regierung beseitige in der Wurzel die Alleinherrschaft der Nationalsozialistischen Partei.

2. Das Nichtaufbringen eines von einem starken einigen Volkswillen getragenen *nationalen Widerstandes* gegen die verdemütigende und erpresserische *Fremdherrschaft* der Siegerstaaten.

Die bloßen Proteste der deutschen Staatsmänner im Völkerbunde, ihre fruchtlose weiche Verständigungspolitik habe nur den Übermut der Siegervölker und ihrer Regierung vermehrt.

---

[4] Wortsinn hier vermutlich: *unverantwortlich* = keinem anderen bzw. keiner anderen Instanz gegenüber verantwortlich.

Demgegenüber will die Nationalsozialistische Partei wenigstens eine einmütige *moralische Volkserhebung* und eine einheitliche auswärtige *Politik des passiven Widerstandes* der Willkürherrschaft der Siegerstaaten entgegensetzen. Gegen solchen nationalen Widerstand sei die bisherige Politik der Siegervölker nicht zu halten. Jedenfalls sei das deutsche Volk eine solche nationale Erhebung seiner Ehre, auch der Ehre seiner wehrfähigen Bürger schuldig.

3. Den mangelnden Willen zur *Ausschaltung* des international gesinnten, undeutschen, auf die Herrschaft der Proletarier bedachten *marxistischen Sozialismus* aus der Gesetzgebung, Regierung und Verwaltung des deutschen Staates.

Die Sozialdemokratie sei ohnmächtig gegen die Forderungen und Drohungen der vom russischen Bolschewismus abhängigen Kommunistischen Partei. Sie trete aus der Koalitionsregierung aus, so oft es gelte, Opfer des ganzen Volkes für den Bestand und die Wiederaufrichtung des Staates zu bringen.

Der italienische faschistische Staat beweise, daß die Niederhaltung des marxistischen Sozialismus durch eine starke Regierung möglich sei.

4. Den Mangel am Willen zur *Stellung aller volksfremden und rassefremden Personen und Richtungen* im deutschen Volke *unter Fremdenrecht.*

Eine solche Ausnahmegesetzgebung fordern die Nationalsozialisten zur Ausrottung des schädlichen Einflusses der Juden auf die deutsche Wirtschaft und Sittlichkeit sowie zur Reinigung der deutschen echt christlichen Religiosität, Sittlichkeit und Kultur von allem undeutschen Wesen der römischen Weltkirche. Sie fordern deshalb eine deutsche Volkskirche nationaler Geistesprägung.

II. *Das Versagen der Erfüllung der wirtschaftlichen und sozialen Lebensnotwendigkeiten* sehen die Nationalsozialisten in der Aufrechterhaltung [//61//]

1. *der ausbeuterischen Herrschaft des Geldbesitzes, des Finanzkapitalismus,* über die schaffende Arbeit der Unternehmer wie der Arbeiter. Sie fordern die Ausschließung des arbeitslosen Ein-

kommens im deutschen Wirtschaftsleben durch Aufhebung der Zinsknechtschaft;

2. *der Herrschaft des Produktionskapitals,* der besitzenden Unternehmer, über die besitzlosen Arbeiter und Angestellten.

DIE TRÄGER DES LEBENSWILLENS DES NATIONALSOZIALISMUS
[Führer-Korrespondenz 44. Jg. (1931), S. 61-63.]

Sie unterscheiden sich als die herrschende und die hörige Gruppe der Nationalsozialistischen Partei.

I. Die *aktivistische Gruppe,* die zum Einsatze von Tat und Leben bereit ist und die Diktatur trägt und vertritt. In ihr sind zu unterscheiden:

1. *Die in den nationalsozialistischen Bünden organisierten Frontsoldaten,* die nach dem verlorenen Kriege den Geist der Wehrhaftigkeit bestätigen wollen in der nationalen Befreiung und völkischen Erneuerung der Deutschen.

2. *Die Anhänger der neuen Generation,* die im Geiste der *radikalen Jugendbewegung* die Gedankenwelt der alten, überlieferten Parteien bekämpfen, ihr die Schuld an den wirtschaftlichen und sozialen, die wirtschaftliche Zukunft der Jugend bedrohenden Mißständen geben, deshalb eine von Grund aus neue Staats- und Wirtschaftsordnung für geboten erachten. Weil dieser neuen Jugend schicksalhaft die Ehrfurcht vor der Überlieferung fehlt, bekennen sie sich zum politischen, wirtschaftlichen und sozialen Radikalismus, der Geisteshaltung der Entwurzelten.

Die Nationalsozialistische Partei hat den politischen Willen dieser bisherigen Nichtwähler und dieser Neuwähler ausgelöst und geformt.

II. *Die Gruppe der Mitläufer und Hörigen.* Zu ihr gehören:

1. Die bunte Menge jener, die durch einen Faschismus mit nationalem und staatssozialistischen Programm die *Niederhaltung oder Überwindung des marxistischen Sozialismus* erwarten. Hier

stehen die kapitalistischen Geldgeber der Nationalsozialistischen
Partei.

2. Die, welche *aus einem feudalen Herrenbewußtsein* der Kaste
der Besitzenden und Gebildeten die *Herrschaft der Demokratie* und
des Parlamentarismus *durch die Herrschaft eines Einzigen (Faschismus) ersetzt wünschen*. Sie rechnen damit, daß der Diktator der
Besitzenden und Gebildeten als Unterführer in der faschistischen
Herrschaftsordnung bedarf, sie deshalb, ähnlich den Fürsten im
absolutistischen Staate, über die Masse rangmäßig erhöhen wird.

Alle *wirtschaftlich vernichteten oder schwer geschädigten Kleinbürger*, die es unter ihrer Würde halten, sich dem proletarischen Sozialismus anzuschließen, dagegen auf einen *bürgerlichen* [//62//]
Staatssozialismus ihre ganze Hoffnung setzen. Sie wollen vom
starken Staate gestützt und gesichert werden.

4. Alle, die sich *an der nationalen Idee berauschen*, wie ähnlich
die Integralen sich an dem integralen katholischen Gedanken
berauschen.

Alle zur Aktivität, zur Betätigung und Selbstaufopferung im
öffentlichen Gemeinschaftsleben drängenden Deutschen, *die der
staatspolitischen und realpolitischen Bildung und Schulung entbehren*,
von der politischen Verantwortungslosigkeit und Ohnmacht der
alten bürgerlichen Parteien und ihrer Formaldemokratie sich
abgestoßen fühlen und in ihrer eigenen politischen Hilflosigkeit
eine verantwortungsbewußte Staatsregierung nur von der Regierung durch einen starken Mann erwarten.

So ist der Nationalsozialismus in seinem Kerne das *Sammelbe-
cken der aktivsten jüngeren Staatsbürger*; ihre Entradikalisierung
kann den erstarrten bürgerlichen Parteien neues Blut zuführen.

Staatspolitisches Denken fordert daher statt starrer Bekämpfung der Nationalsozialisten die *Zurückgewinnung ihrer aktivistischen Anhänger* für die besonnene Erneuerungsarbeit am Staate,
mit dem Ziele, sie für den Eintritt in eine nationale und soziale
Regierungskoalition reif werden zu lassen. Deshalb müssen die
nationalsozialistischen Abgeordneten in der Volksvertretung

immer wieder vor die Forderung, die Verantwortung für Reich und Staat mitzutragen, gestellt werden.

III. *Die Sendung des Nationalsozialismus an das deutsche Bürgertum.*

Die Nationalsozialistische Partei hat bürgerliches, nicht proletarisches Gepräge, denn ihre aktivistische, führende und herrschende Gruppe rekrutiert sich aus den Besitzenden und Gebildeten.

1. Die Nationalsozialisten sind nach ihrer wirtschaftlich-sozialen Artung *keine proletarische Arbeiterpartei*, sondern eine Partei der schaffenden, am Gemeinwohle Dienst leistenden Arbeit zwecks Befreiung von der Knechtschaft des Geldbesitzes, der Nutznießer arbeitslosen Einkommens.

Unter den 107 nationalsozialistischen Reichstagsabgeordneten sind nur 17 Arbeiter und 11 jetzige oder frühere Angestellte. Unter den Parteiangestellten, die als Agitatoren und Schriftleiter im Reichstage sitzen, ist keiner Arbeiter und Angestellter gewesen. Die übrigen 79 Reichstagsabgeordneten sind Besitzende und Gebildete.

2. Das nationalsozialistische Schrifttum *entbehrt jedes Kokettierens mit dem Proletarier*, vor allem *mit dem Klassenkampfe*. Wohl suchen sie den Kampf gegen rassenfremde und gegen den auf arbeitloses Einkommen bedachten reinen Geldbesitz, die Plutokratie. Sie bekennen sich als Freunde des Produktionskapitals, der Unternehmer.

3. *Sie erstreben die Eingliederung der besitzlosen Arbeiter* in eine Volksgemeinschaft, deren Wirtschaftsführer und Kerntruppe die Berufsstände und Gebildeten sein werden. [//63//]

4. *Sie wollen die nationale und wirtschaftliche Erneuerung des echten deutschen Bürgertums*, einschließlich der einzubürgernden besitzlosen Arbeiter, durch Erweckung und Pflege des Staatsgedankens der Ehre, Größe und Macht der Nation sowie durch Erweckung und Pflege des *genossenschaftlichen Gedankens und der ständischen genossenschaftlichen Gliederung der Wirtschaft* aus dem

Gedanken der *Arbeit als Dienst* an der Volksgemeinschaft. Dies
soll erreicht werden mittels *Staatssozialismus*, der Ordnung der
Wirtschaft durch die Staatsgewalt.

DIE MITTEL DER DYNAMISCHEN ÜBERWINDUNG
DES RADIKALEN NATIONALSOZIALISMUS
[Führer-Korrespondenz 44. Jg. (1931), S. 63-64.][5]

1. Aufbringung einer gesamtdeutschen *Volksbewegung für die
nationale*, nicht nationalistische *Befreiung des deutschen Volkes von
den Fesseln des Friedensdiktats.* Sie muß die moralische Macht der
Selbstbehauptung der Ehre, Größe und Macht der deutschen Nation als Staats-Volkspersönlichkeit ohne gehässige Polemik, rein
aus Selbstachtung, nach außen und nach innen wirksam machen,
dem gleichen Vorgehen unserer Staatsmänner im Völkerbunde
Nachdruck geben.

In seinem vom *Erlebnis des Frontsoldaten* beseelten nationalistischen Freiheitskampfe besitzt der Nationalsozialismus die stärkste, weil unverbrauchte, leichtfaßliche, von Parteimeinungen nicht
zersetzte, den Deutschen urkräftig ergreifende Werbekraft.

Den verlorenen Krieg und das harte Friedensdiktat kann das
wehrlose, von den Siegerstaaten täglich in seinem Ehrbewußtsein
verletzte deutsche Volk nur durch diese moralische Machtentfaltung ausmerzen.

2. Aufbringung einer einigen *Volksbewegung für die wirtschaftliche und soziale Befreiung* des deutschen Volkes *von der knechtenden
Selbstherrschaft der Plutokratie, des Finanzkapitalismus,* der nur auf
spekulative Gewinnung arbeitslosen Einkommens bedacht ist,
das Produktionskapital der Unternehmer und die Arbeitskraft
der besitzlosen Arbeiter und Angestellten ausbeutet.

---

[5] Erneut im Sonderdruck: ZENTRALSTELLE DES VOLKSVEREINS FÜR DAS KATHOLI-
SCHE DEUTSCHLAND (Hg.), Der Nationalsozialismus und die Katholiken, M.
Gladbach 1931, S. 44-45.

Der Leitsatz laute: das spekulative Finanzkapital muß der Produktion dienen, darf sich nicht zum Herrn aufwerfen, nicht eine Willkürherrschaft über Produktionskapital und Arbeit ausüben.

Das Recht der leitenden und ausführenden Arbeit geht vor dem Rechte des Leihkapitals. Dieses darf nicht aus spekulativer Gewinnsucht die Produktion in gemeinschädliche Bahnen leiten.

Das Recht der Arbeit der Wirtschaftsführer und Wirtschaftsgefolgschaft geht vor dem Rechte des Produktionskapitales; dieses muß Dienst am Wirtschaftsvolke leisten, darf nicht aus privater Gewinnsucht auf volkswirtschaftsschädliche Wege geleitet werden. Die Bestimmung der Reichsverfassung [//64//] Art. 153 Abs. 3 ist somit zur Geltung zu bringen: „Eigentum verpflichtet. Sein Gebrauch soll zugleich Dienst sein für das gemeine Beste."

3. Aufbringung eines einheitlichen *Volkswillens für Befreiung* des Volksstaates *von der Herrschaft der Partei- und Fraktionsbürokratie.*

Die Staatsgewalt geht von Volke als Staats-Volksfamilie und Staats-Volkspersönlichkeit als gewachsener Lebensgemeinschaft und Schicksalsgemeinschaft, nicht von selbstherrlichen Wählerindividuen und individualistischen Parteigruppen aus. Sie ist Gemeinsache, nicht Privatsache. Die Parteien sollen Staatspolitik aus dem nationalen Staatsgedanken, nicht Interessen- und Klassenpolitik aus privatem Eigennutzen treiben.

Jeder Abgeordnete soll in seinem Wahlkreise das Vertrauen der Mehrheit der ihn kürenden Bürger erwerben, persönlich sich ihnen verantwortlich wissen. Die heutige Listenwahl führt dazu, daß in geheimer Beeinflussung eines den meisten Wählern unbekannten Wahlkomitees die Interessensverbände ihre Kandidaten auf die Wahlliste bringen.

Die Partei-Fraktionen in der Volksvertretung sollen der vom Reichspräsidenten ernannten Regierung ihr Vertrauen nicht auf tägliche Kündigung, sondern wie der Reichspräsident es tut, für einen Sitzungsabschnitt geben und während desselben nur in dringenden, vom Gemeinwohl erforderten Fällen entziehen. Anderenfalls schädigen sie durch das Herbeiführen von rasch sich wiederholenden Regierungskrisen das Ansehen der Staatsregierung, damit ihr eigenes Ansehen.

4. Aufbringung einer *Volksbewegung für die Abwehr des Faschismus als Staatsordnung der Diktatur.*

Der Staat ist Volksgemeinschaftssache. Die Staatsgewalt darf nicht *von einer Partei* durch bewaffneten Staatsstreich *in Herrschaftsbesitz genommen* und dem unverantwortlichen Machtwillen eines Einzigen übertragen, also nicht der Kontrolle eines sich voller politischer Freiheit erfreuenden Volkes, der gewachsenen Gemeinschaft aller freien Bürger, entzogen werden.

Faschismus ist politische Knechtschaft, von Bürgern über Bürger verhängt.

Faschismus ist *Unterdrückung der bürgerlichen Meinungsfreiheit,* folgerichtig der religiösen und sittlichen *Gewissensfreiheit.* Er ist die Staatsform der Analphabeten, geistig Unmündigen.

Faschismus ist im Wirtschafts- und Gesellschaftsleben *Staatssozialismus.* Nur die berufsständische Selbstverwaltung des organisch gegliederten Wirtschaftsvolkes entbindet den Willen jedes Wirtschaftenden zur Ehre der Selbstverantwortung, zur Erhebung der Erwerbsarbeit zur Ehre der Berufsarbeit als des Treuedienstes am Wohle der Volksgemeinschaft.

Nur die Berufsstände der Freien im Wirtschaftsvolke, nicht die Staatsregierung, können die Verantwortung für die fruchtbare Entfaltung und Ordnung aller Wirtschaftskräfte des deutschen Volkes tragen. [//65//]

DIE TAKTIK DER BÜRGERLICHEN PARTEIEN
GEGENÜBER DER NATIONALSOZIALISTISCHEN PARTEI
[Führer-Korrespondenz 44. Jg. (1931), S. 65-67.][6]

I. *Aktivierung* des Willens der Führer und Gefolgschaft der *Partei* zur *Selbstbehauptung des angestammten Bestandes* an Anhängern und an staatspolitischem Einflusse.

1. Voraussetzung ist die Entfaltung eines *geistig regen Parteilebens* in Bildungskursen und Versammlungsaussprachen, vor allem in einer werbenden Vertrauenspersonenorganisation. Zu wichtigen Tagesfragen ist jeweils in Versammlungen Stellung zu nehmen. Jeder nationalsozialistische Terror ist abzuweisen. Dann erweist sich die von arbeitsfähigen Parteien gewählte Volksvertretung als arbeitsfähig.

2. Die *Katholiken der rheinischen Grenzmark*, als der größere Teil der Einwohner, haben *eine nationale Volksbewegung zur Befreiung des deutschen Volkes* von den Fesseln des Friedensdiktats ins Leben zu rufen und zu führen. Hier ist noch alles zu leisten.

3. Die bürgerlichen Parteien *lehnen die faschistische Staatsordnung ab* als einen Hohn auf den Freiheitssinn des Deutschen. Sie machen sich stark dafür, daß der volksfreiheitliche demokratische, parlamentarisch regierte Volksstaat eine starke, arbeitsfähi-

---

[6] Erneut im Sonderdruck: ZENTRALSTELLE DES VOLKSVEREINS FÜR DAS KATHOLISCHE DEUTSCHLAND (Hg.), Der Nationalsozialismus und die Katholiken, M. Gladbach 1931, S. 45-48. Im ersten Teil des Textes greift Pieper die NSDAP und ihre „faschistische Staatsordnung" scharf an und lehnt auch „den nationalsozialistischen Rassenkampf nach innen und außen" ab, da dieser „folgerichtig zu einem antiklerikalen Kulturkampfe" führen würde. Auch „den Faschismus, den Kern des Nationalsozialistischen Willens zur Alleinherrschaft, […] ihren Terror, ihre Gewalttätigkeiten" will er „durch die Bereitschaft einer Abwehrtruppe" abwehren. Ergänzt werden soll dies durch eine entsprechende „Aufklärungs-, Werbe- und Abwehrarbeit", welche „im Namen der Volksgemeinschaft getan werden" müsse, und zwar vom Volksverein für das katholische Deutschland, der „die gegebene dienende Organisation […] mit an erster Stelle" sei, da er „sich in früheren Jahrzehnten die Eignung dazu erarbeitet" habe. Darauf folgt dann Piepers Einschätzung zu Möglichkeiten der Integration und zukünftigen Entwicklung des NS.

ge Staatsregierung aufbringt, daß die dazu notwendigen Reformen der Verfassung bald zustande kommen.

4. Die bürgerlichen Parteien, namentlich die Katholiken, *wahren selbstbewußt ihre bisherige führende Stellung in der Wirtschaftspolitik und Sozialpolitik.* Das um so mehr, als das radikale wirtschaftspolitische und sozialpolitische Programm der Nationalsozialisten sich in unklaren Allgemeinheiten und Oberflächlichkeiten bewegt. Was sie zu dessen Erläuterung und Begründung zu sagen wissen, verrät ihre innere Unsicherheit. Ihr staatssozialistisches Programm widerspricht der Forderung der Freiheit und Selbstverantwortung, welche erst die fruchtbarsten Kräfte des Wirtschaftsvolkes entbinden. Soweit das nationalsozialistische Programm ein neues Eigentumsrecht fordert, ist es utopisch. Eine im Laufe von Jahrhunderten mühsam aufgebaute Eigentumsordnung läßt sich nicht durch einen Gewaltstreich auf völlig neue, unerprobte Grundlagen stellen.

5. Sie wehren ab den nationalsozialistischen *Rassenkampf* nach innen und außen, der folgerichtig zu einem antiklerikalen *Kulturkampfe,* zur Bedrückung der Gewissensfreiheit, damit zum Bürgerkriege führt. Die bürgerlichen Parteien treten ein für eine echte Volksfreiheit, nicht für die Alleinfreiheit einer Partei, die jeden Andersdenkenden verachtet und vergewaltigt.

II. Ein kräftiger *Zuwachs der Partei* ist aus den bisherigen Nichtwählern und aus den Neuwählern, der jungen Generation zu gewinnen. Hier ist bisher vernachlässigte Arbeit nachzuholen.

Die geistige Haltung der bürgerlichen Parteien ward dem Denken und Wollen der jungen Generation nicht gerecht. [//66//]

III. *Unsere Einstellung zur nationalsozialistischen Parteibewegung.*

1. Hier kann uns *Vorbild sein unsere Taktik gegenüber der früheren radikalen Oppositionsstellung der Sozialdemokratie.* Wir vertreten demgemäß auch gegenüber den Nationalsozialisten die entschiedene Reform unter Zurückweisung der Revolution, die Utopien mit einem Gewaltstreiche verwirklichen will.

2. *Wir dürfen uns nicht aus der positiven Arbeitsfront in die polemische Abwehr drängen lassen,* nicht aus der aktivistischen Realpolitik

in den unfruchtbaren Zank um blutleere Theorien. Die Staatspolitik ist eine Kunst der praktischen Vernunft, nicht der reinen Vernunft. Alle Literaten sind üble Politiker.

3. *Wir fordern von der Nationalsozialistischen Partei das Mittragen der Verantwortung* für die aufbauende Staatspolitik, deshalb den Willen zur Verständigung mit den Parteien, die bisher diese Verantwortung trugen.

Dieser Forderung müssen wir jedoch starken Nachdruck geben durch die erfolgreiche Selbstbehauptung des Bestandes und politischen Einflusses der staatsbejahenden Parteien einschließlich der Sozialdemokratie, der bisherigen Mehrheit der Volksvertretung. – Die Sozialdemokratie tritt der Nationalsozialistischen Partei mit größter Schärfe entgegen. Diese Haltung dürfen die bürgerlichen Parteien der Sozialdemokratie nicht erschweren.

4. Unerbittlich müssen wir den *Faschismus*, den Kern des Nationalsozialistischen Willens zur Alleinherrschaft, *in der Öffentlichkeit bloßstellen.* Ihren Terror, ihre Gewalttätigkeiten, ausgeübt durch ihre Kampftruppe, weisen wir durch die Bereitschaft einer Abwehrtruppe zurück.

5. Bei aller *Abwehr von Kulturkampfgelüsten* der Nationalsozialistischen Partei ist der Schein zu vermeiden, wir wollten der Auseinandersetzung über das nationalistische und sozialistische Staats- und Wirtschaftsprogramm ausweichen durch Hervorkehrung der Vertretung unserer kirchlichen Interessen.

6. Wir gehen nicht in *nationalsozialistische Parteiversammlungen,* um dort in Wortgefechten für unsere Partei zu werben, lassen solche Werbearbeit der Nationalsozialisten auch nicht in unseren Versammlungen zu. Wir lassen jedoch zu eine Beteiligung von Mitläufern der Nationalsozialistischen Partei an der von unseren Parteigenossen geführten fachlichen Erörterung. Die Führer sind starrköpfige Verfechter des Machtwillens zur Eroberung der Alleinherrschaft der Nationalsozialistischen Partei. Sie haben darum nicht den Willen zu einer fachlichen Erörterung mit Andersdenkenden.

7. In alledem dienen wir der *Erfüllung unserer nationalen Bür-*

gerpflicht, die auch durch unsere Schuld dem nationalsozialistischen Radikalismus Verfallenen *zurückzugewinnen.* Damit nehmen wir den Nationalsozialisten [//67//] den Anlaß zu der Unterstellung, wir bekämpften sie um ihrer echten nationalen und sozialen Freiheitsforderungen willen; *Vaterland und soziale Gerechtigkeit ist auch unser Ziel.* Nur *vertreten wir* es auf dem Boden der Forderung der *Freiheit und Gerechtigkeit für alle,* im Gegensatze zu der nationalsozialistischen Forderung der Herrschaft einer einzigen Partei bei Knechtung aller übrigen Volksgenossen.

8. Alle *diese Aufklärungs-, Werbe- und Abwehrarbeit muß* einheitlich sein, im *Namen der Volksgemeinschaft getan werden.* Die gegebene Organisation ist darum mit an erster Stelle der Volksverein. Er hat sich in früheren Jahrzehnten die Eignung dazu erarbeitet. Er kann auch wirksam im Namen des Volkes auftreten, unterliegt nicht dem Verdachte, daß er Sonderinteressen vertrete.

9. *Fruchtbar ist diese unsere Arbeit nur, wenn sie Ausdruck unseres aktivistischen Lebenswillens ist.* Diesen müssen wir erst noch aufbringen. Wir sind vom Schicksal berufen, nicht zu einer neuen Art von Sozialistentöterei, sondern zur *dynamischen Überwindung* einer radikalisierten nationalen und sozialen Bewegung, in der zum ersten Male der in den nationalsozialistischen Bünden organisierte Lebenswille von Frontsoldaten und der Lebenswille der radikalen jungen Generation zu einer neuen Lebensform der Volksgemeinschaft sich im öffentlichen Leben des deutschen Volkes parteipolitisch zu betätigen sucht. Diese Gruppen haben den Glauben an die alten bürgerlichen Parteien und an die marxistisch-sozialistischen Parteien verloren, nicht ohne deren Schuld. Wenn diese ernstlich zu einer inneren Erneuerung bereit und eines neuen Aktivismus fähig sind, dürfen sie mit Goethe von dieser stürmisch gärenden Volksbewegung denken: „Wenn sich der Most auch ganz absurd gebärdet, er gibt am Ende doch 'nen Wein." In der Menschheitsgeschichte erstand jeder neue Kosmos aus einem radikalen neuen Chaos. Und jene in den nationalsozialistischen chaotischen Radikalismus hineingerissenen Gruppen sind trächtig an Keimen eines Neuen.

[Nr. 5]

Die Deutsche Revolution 1933
[Handschriftliche Gliederung][7]

<u>Vorwort</u>: Ich machte meinen Frieden mit dem Dritten Reich.

I Die Deutsche Revolution. Probleme des autoritären Staates

1. Die Deutsche Revolution als Werk höherer Mächte
2. Die Deutsche Revolution 1933
3. Erfolge der Deutschen Revolution
4. Die Hitlerbewegung bekennt sich zum Alten Preußischen Staatsgedanken Friedrichs II, nicht zum Staatsgedanken von Steins
5. Zur Rede Hitlers über die Nationale Arbeitsfront
6. Die autoritäre berufsständische Ordnung der Wirtschaft
7. Zur Würdigung der innenpolitischen Ziele des autoritären totalen Staates
8. Warum wurde der Mittelbesitz und Kleinbesitz der Träger der Deutschen Revolution?
9. Die „Tat" zur „nationalen Revolution"
10. Welche überlieferte Aufbaukräfte will der nat.soz. durch die vordringliche Pflege des Bauernstandes und gewerblichen Mittelstandes stärken?
11. Zum Buche von Möller van den Bruck „Das Dritte Reich".
12. Welche Aufbaukräfte will das Dritte Reich der Deutschen Erhebung dienstbar machen?
13. Welches Eigengut der christlichen Kultur sollen die Tat-Christen dem deutschen Sozialismus geben?
14. Die nat.soz. Weltanschauung.
15. Unsere Mitarbeit im autoritären Staate

---

[7] Quelle: LAV NRW W, Nachlass August Pieper A 510, Nr. 6.

16. Die geschichtliche Sendung der Hitlerbewegung
17. Die schicksalhafte Unfähigkeit der Deutschen zur bürgerlichen Freiheit
18. Die Kraftwurzeln des Klerikalismus
19. Das bisherige unpolitische Denken der Deutschen
20. Die unpolitischen Deutschen
21. Die dringlichste Aufgabe des Deutschen Volkes ist die Stärkung des nationalen Staatsgedankens
22. Die Freiheit in der Bindung an die Gemeinschaft ist das Zentralproblem des nat.soz. autoritären Staates
23. Welche neue politische Haltung erfordert die Mitarbeit der Katholiken im „Staate der nationalen Erhebung["]?
24. Wege zur Mitarbeit im nat.soz. Staate
25. Welches Neue sollen die Katholiken aus der Betätigung der Kräfte der Religion Christi dem neuen Staate geben?
26. Der Nationalsozialismus als Stufe der Arbeiterfreiheitsbewegung

[*Ende des 2. Blattes*]

[Nr. 6]

„Die deutsche Revolution als Werk höherer Mächte"

[*handschriftlich hinzugesetzt*: März 1933][8]

1. Die deutsche Revolution vom März 1933 hat sich durch ihren verblüffenden Erfolg als Grosse Staatsumwälzung erwiesen, ebenbürtig den Staatsumwälzungen in anderen Ländern. Die Deutsche Revolution vom November 1918 war die erste Grosse Revolution des deutschen Volkes; sie war äusserlich ermöglicht durch die Krafterschöpfung des deutschen Volkes während des vierjährigen Weltkrieges und durch den niederschmetternden seelischen Zusammenbruch nach der Niederlage im Felde. Diese Revolution stiess auf völlige Widerstandslosigkeit, setzte sich naturgewaltig [handschriftlich korrigiert aus: *naturgemäss*] durch. Die Deutsche Revolution vom März 1933 war äusserlich ermöglicht einmal durch die Zerrüttung der deutschen Wirtschaft, die das Nachkriegsziel der Siegerstaaten war und durch die Weltwirtschaftskrise verstärkt wurde; sodann durch die Unfähigkeit der zur Demokratie sich bekennenden Parteien, eine arbeitsfähige Staatsregierung zustande zu bringen. Die Revolution als erfolgreiche Staatsumwälzung ward durchgeführt im raschen Handeln einer nach Selbstherrschaft im Staate strebenden politischen Partei.

Will man nach der vollzogenen Staatsumwälzung den geschichtlichen Sinn oder Wert der neuen autoritären Staatsordnung verstehen und ihm zur Verwirklichung verhelfen, so darf man nicht stehen bleiben bei der Frage: Nach welchem Programme, mit Hilfe welcher Kampftaktik haben die Revolutionäre ihr Ziel erreicht, ihre Gegner geschlagen? Grosse Revolutionen

---

[8] LAV NRW W, Nachlass August Pieper A 510, Nr. 6. [Typoskript]

sind erdgeschichtlichen, von Kräften im Erdinnern vorgetriebe-
nen Oberflächenumwälzungen vergleichbar, also vom Men-
schenwitz nicht zu erfinden, mit Menschenkraft nicht zu machen.
Die Revolutionäre vollführen nur die Entbindung der naturgewaltig an das Licht drängenden, die Zeit umgestaltenden, Geschichte machenden Urkräfte im Ablaufe der Wandlungen des
Lebens eines Volkes, das stets rätselhaft, geheimnisvoll bleibt.[9]
Alle die Geschichte bestimmenden grossen Staatsgründer und
Eroberer [//2//] haben den Glauben an das Gelingen ihres gewaltigen Wagnisses aus dem unerschütterlichen Glauben geschöpft, dass sie die Vollstrecker des Schicksals seien, weil Gott
wieder einmal durch die Geschichte gehe, sie das Rauschen seines Gewandes hörten und einen Zipfel seines Gewandes erhascht
hätten, damit seinen Weg gingen (Bismarck). Nicht minder haben
so die grossen Revolutionäre gedacht. Der idealistisch denkende
Ferdinand Lassalle rechtfertigte sein Anbahnen der deutschen
Arbeiterbewegung mit dem Bekenntnisse zu der *geschichtlichen
Sendung* der Arbeiterbewegung. Der materialistisch denkende
Karl Marx hämmerte seiner sozialistischen Gemeinde ein den
Glauben an die Naturnotwendigkeit oder Schicksalsbestimmtheit
der Entwicklung des Kapitalismus zum Sozialismus. Die sozialistischen Arbeiter hätte die in der kapitalistischen Gesellschaft her-
anwachsende sozialistische, klassenlose Gesellschaft nur zu entbinden durch die Aufrichtung der Diktatur des Proletariates. Eine
geschichtliche Sendung beansprucht auch die Hitlerbewegung.
Andernfalls hätte sie nicht jenen berückenden und betäubenden
Massenglauben erwecken können an die Sendung der Nationalsozialistischen Arbeiterpartei, deren Programm unbestimmt und
nur einer Minderheit der Anhänger bekannt ist. Zum anderen
erklärt sich daraus die Tatsache, dass die von der Hitlerbewegung herbei geführte Revolution auf völlige Widerstandslosigkeit
ihre Gegner stiess.

---

[9] Diese irrational-mystische Geschichtsauffassung taucht bei Pieper mehrfach in diesem Text sowie in vielen Manuskripten der 1930er Jahre auf.

Wir gewinnen also erst dann den festen Boden, von dem aus wir eine wirklichkeitsnahe Beurteilung der jüngsten Deutschen Revolution gewinnen und erkennen können, was wir nunmehr zu tun haben, wenn wir uns die Lebenswahrheit – die nicht logische, denknotwendige Wahrheit ist – einprägen: Diese Revolution ist nicht von Parteipolitikern gemacht, darum nicht schwaches Menschenwerk, sondern sie ist gewachsen *aus dem Weben neuer schicksalhaft entwickelter Ur-Lebenskräfte* des sich stetig wandelnden geheimnisvollen Lebens des deutschen Volkes. Zu deren Erkenntnis führen uns folgende Einsichten.

[//3//] Jede politische Revolution oder Staatsumwälzung ist die Entladung oder gewaltsame Entbindung vergewaltigter, in machtvolle Spannung zu den Beharrungskräften der alten Ordnung getretener Lebenskräfte des Staatsvolkes und in ihm der Volksgemeinschaft.[10] Denn die von Gott geschaffene und getragene Natur lässt sich nicht ungestraft vergewaltigen. Darum gab ihr der Schöpfer den unerbittlichen Lebenswillen zur Selbstbehauptung. Demgemäss revolutiert im Fieber der menschliche Leib gegen eingedrungene Fremdkörper und gegen innere Zersetzungsvorgänge. Aufgabe des Arztes ist, den zum gefährdeten Körperteile herbeieilenden Heilkräften zur Überwindung des Krankheitserregers zu verhelfen. Ebenso bäumt sich im Gesellschaftskörper während einer Übergangszeit der zur Erneuerung von Nation und Volksgemeinschaft sich bekennende, organisierte nationale und soziale oder sozialistische Lebenswille auf,[11] wenn er auf Unglauben, Gleichgültigkeit, selbstgefällige Ablehnung oder sture Selbstgerechtigkeit jener Volksgruppen stösst, welche aus Beharrungswillen veraltete wirtschaftliche, soziale und staatliche Richtungen des Wirtschaftslebens und Staatslebens krampfhaft verteidigen und die gemeinschaftsbindenden Erneuerungs-

---

[10] Die Schaffung der ‚Volksgemeinschaft' war nach Pieper das zentrale Ziel jeglicher verantwortungsvollen Politik, ohne dass er näher erläuterte, wie dies genau zu geschehen habe oder welche politischen Gefahren dies beinhalten könnte.

[11] Auch dieses ‚organizistische Denken' ist typisch für Pieper.

kräfte nicht zur Geltung kommen lassen, obwohl alle Welt nach
Reform ruft, weil man die Grundlagen der Gesellschaftsordnung
wanken sieht. Dann erfolgt der Ausbruch einer Staatsumwälzung, weil nur die mit Befehls- und Zwangsbefugnis ausgerüstete
Staatsgewalt grundlegende Wandlungen herbeiführen kann.
Dem gab Bismarck Ausdruck in dem staatsmännischen Ausspru-
che, jede Revolution sei die Folge von schweren Unterlassungen
der im Staate massgebenden Mächte.

Nun hat der Nationalsozialismus als Vollstrecker der Deutschen Revolution in seiner Parole der nationalen Erhebung und
des deutschen Sozialismus sich zu jenem Lebenswillen bekannt,
dem nach dem Zusammenbruch des deutschen Volkes die von
Frontsoldaten gegründete bündische [//4//] Bewegung Ausdruck gab in den Leitworten: Erneuerung von Nation und Volksgemeinschaft.[12] Negativ äusserte er sich in den Stichworten: anti-
liberal, antidemokratisch, antiparlamentarisch, antimarxistisch,
antisozialistisch.[13] In den Bünden sammelten sich, vom Jungdeutschen Orden abgesehen, zumeist die Anhänger des gestürzten
obrigkeitlich-feudalen Staates; sie erstrebten die Restauration,
lehnten eine volksfreiheitliche Reform ab. Leider griffen die im
Volkstum wurzelnden und zur Sozialreform sich bekennenden
Katholiken die urwüchsige bündische Forderung der nationalen
und sozialen Erneuerung des deutschen Volkes, die geboren war
aus dem Kriegserlebnisse: „Wir kämpfen, bluten und sterben für
ein neues, besseres Deutschland!"[,] nicht auf, lehnte sie vielmehr
aus kirchlichen Bedenken gegen Begleiterscheinungen der bündi-

---

12 Die bündische Jugend bestand schon vor dem Ersten Weltkrieg und wurde nicht von Frontsoldaten gegründet. Pieper sah die nach dem Ersten
Weltkrieg agierenden militaristischen und chauvinistischen Kampfbünde
und Verbände ehemaliger Frontsoldaten blauäugig als Ausdruck gesunder
nationaler Gesinnung mit dem Ziel, die von ihm herbeigesehnte Volksgemeinschaft zu schaffen.
13 Diese Charakterisierung der Ideologie der nationalistischen Wehrverbände in der Anfangsphase der Weimarer Republik ist zutreffend und trifft
auch auf Parteien der völkischen Rechten wie die NSDAP zu. Man könnte
noch die Adjektive „antipazifistisch" und „antisemitisch" ergänzen.

schen Betätigung ab. Vor dem Stahlhelm und dem Jungdeutschen
Orden warnten kirchliche Behörden. Unabhängig von den Bünden hatten seit dem Kriegsende August Pieper und Anton Heinen im Volksverein für das katholische Deutschland die Parole:
„Erneuerung der Volksgemeinschaft, Stärkung des nationalen
Staatsgedankens" unermüdlich in Wort und Schrift vertreten und
begründet. Ihre Gedanken fanden keinen Boden. Während die
Bünde wuchsen, ging der Volksverein zurück. Man machte ihm
den Vorwurf, er fördere zu sehr weltliche Bestrebungen, lasse es
fehlen an der Vertretung des echt katholischen Gedankens. Darum wurde 1928 dem Volksverein in einer neuen Satzung als
vornehmliche Aufgabe gestellt die Mitarbeit an der Katholischen
Aktion.[14] Die katholischen Standes- und Jugendvereine ignorier-
ten die bündische Bewegung für nationale und soziale Erneuerung. Ebenso die Zentrumspartei. In ihr trat vielmehr in den
Vordergrund die Parole: Politik aus dem katholischen Gedanken.
Die Folge all dessen war, dass die sich überlassene bündische
Bewegung, mit Ausnahme des Jungdeutschen Ordens, in der
Gegnerschaft zur Demokratie und in sozialen Reaktionsbestre-
bungen einseitig ward und volksfremd blieb. (Nach der Revolution [//5//] lehnte der Stahlhelm reaktionäre soziale Bewegungen ab). Als dann die Hitlerbewegung die bündische nationale
und soziale Erneuerungsbewegung, welche Elitebewegung sein
wollte und von der Parteipolitik sich fernhielt, zur Sache der nationalsozialistischen Partei machte und eine laute Massenbewe-
gung einleitete, beschränkten sich die katholische Kirche, die
Zentrumspartei und die katholischen Vereine auf die Abwehr des
nationalsozialistischen Radikalismus. Wie ganz anders, natürlich
positiv, schöpferisch aufbauend, hatten sie sich unter Führung
des Volksvereins vor dem Weltkriege zu der von dem marxisti-

---

14 Die Katholische Aktion war eine Strategie der deutschen Bischöfe, mit
welcher diese mit Unterstützung des Vatikans das in Hunderten von Verei-
nen und Verbänden organisierte katholischen Vereinswesen, in welchem
auch Laien wichtige Aufgaben wahrnahmen, straffen und der amtskirchli-
chen Kontrolle unterstellen wollten.

schen Sozialismus eingeleiteten vordringenden sozialistischen
Bewegung eingestellt; damals griffen die Katholiken allen voran
die Erneuerungsidee der nationalen Sozialreform freudig auf.[15]
Als nach der Revolution 1918 der Volksverein die Parole ausgab,
den neuen Volksstaat, der als Formaldemokratie auftrat, durch
die Verwirklichung des nationalen und sozialen oder Volksgemeinschaftsgedankens zu unterbauen, ihm lebendigen Gehalt zu
geben, fand er sich isoliert, stiess er auf Gleichgültigkeit oder
Abneigung. Als dann angesichts der entmutigenden und demo-
ralisierenden Auswirkungen der Kriegsfolgen und der Weltwirtschaftskrise die Krise der Demokratie eintrat, diese eine arbeitsfähige, das Vertrauen erweckende, Autorität besitzende Volksvertretung nicht aufzubringen vermochte, flüchtete, in der Sorge
um die Sicherung ihrer Existenz (Besitz, standesgemässe Nahrung und gesellschaftlicher Vorrang vor den Besitzlosen) die
grosse Mehrheit der Groß- und Kleinbürger in Stadt und Land,
alten und jungen Studierten, Festangestellten, wie einst im alten
Rom beim Ansturm der Diktatur von Julius Cäsar, unter „ein
Regiment, das Ordnung und Sicherheit, wenngleich unter Preisgabe der Freiheit, verhiess". (Th. Mommsen, Römische Geschichte 3. Bd. S. 199) Viele nichtorganisierte Arbeiter schlossen sich
jenen Mittelständlern an. Unter allen wurde [//6//] eine Zu-
kunftsstaatsstimmung wach, wie sie im letzten Drittel des 19.
Jahrhunderts die erwachenden sozialistischen Arbeiter gehegt
hatten. Nur mit dem Unterschiede, dass man jetzt vom Dritten
Reiche die Bändigung der Demokratie und Arbeiterbewegung

---

[15] Dies ist einer der Hauptvorwürfe Piepers an den deutschen Episkopat. Da
in seinen Augen die Bischöfe die positiven Aspekte des NS nicht erkannten
und diesen vor 1933 in Bausch und Bogen verdammten, hätten sie eine in
seinen Augen fruchtbare Zusammenarbeit zwischen Katholizismus und
Nationalsozialismus unmöglich gemacht. Weiterhin ist an dieser Stelle typisch für Piepers Argumentation, dass er für den Volksverein für das katholische Deutschland unter seiner Führung in Anspruch nimmt, flexibel auf
die Herausforderungen von Sozialismus und Sozialdemokratie reagiert und
diese damit domestiziert zu haben.

erhoffte. So konnte die Deutsche Revolution 1933 auf verfassungsmässigem Wege und widerstandslos den Sieg erringen.

3. Welche Aufgaben haben nun diejenigen, welche sich 1919 zum sozialen und nationalen Volksstaate der Volksfreiheit bekannten, nach dessen Sturze im neuen autoritären Staate, dessen Schicksal das Schicksal des deutschen Volkes ist? Die Antwort kann nur lauten: Hingebende Mitarbeit an der Verwirklichung des von ihm vertretenen nationalen und sozialen oder Volksgemeinschaftsgedankens, damit eine dem germanischen Freiheitsgedanken[16] gemässe Verwirklichung des nationalen Staates und des „deutschen Sozialismus", der weitgehenden Vergenossenschaftung des Wirtschaftslebens und Volksgemeinschaftslebens. Die Lösung dieser letzteren mühevollen Aufgabe erfordert die Mitarbeit aller Kreise des Wirtschaftsvolkes. Sie besagt die seelische Vergemeinschaftung der bislang in Interessensorganisationen nur vergesellschafteten, darum seelisch entfremdeten, im Interessens- und Klassenkampfe verfeindeten Volksgenossen.[17] Der Weg dahin geht über den Ausbau der Selbstverwaltung aus Selbstverantwortung. Diese erwächst nur in Freien, die Halt in sich haben, für sich selbst einstehen. Was das bedeutet, weiss vor allem die katholische Werkjugend. Die christlich-nationale Arbeiterbewegung, die sich zur Standwerdung bekennt, hat als junge Bewegung einen geistigen – jungfräulichen Boden an unverbrauchter Kraft in die Arbeit an der nationalen und sozialen Volkserneuerung einzubringen. Hier hat sie die Echtheit ihres nationalen und sozialen oder Volksgemeinschafts-Lebenswillens zu bewähren in der Stärkung des Standesgemeinsinns aus

---

16 Auch diese Denkfigur des vermeintlich typisch germanischen Freiheitsstrebens taucht bei Pieper – wie bei anderen national und völkisch argumentierenden Ideologen – häufig auf.

17 Mit der Gegenüberstellung von Volksgemeinschaft und in Klassen zerfallende Gesellschaft benennt Pieper ein typisches soziales Interpretationsmuster rechtsnationaler Gesellschaftstheoretiker der Weimarer Republik.

[//7//] Standesehre.[18] Praktisch bewähren sie ferner die Echtheit und Kraft ihres nationalen Lebenswillens durch die Verwirklichung des Vorrangs des staatspolitischen Gedankens und Lebenswillens in aller politischen Arbeit; bisher hatte hier der parteipolitische Gedanke den Vorrang. Auch das führte zum Versagen der jungen Demokratie des Volksstaates der Volksfreiheit. Die berufsständische wirtschaftliche Selbstverwaltung der besitzlosen Arbeiter und Angestellten ist noch neu zu schaffen. Unter den Bauern, Handwerkern, Gewerbetreibenden muss die überlieferte, aber durch den Interessenskampf zurückgedrängte und gelähmte berufsständische Selbstverwaltung aus Standesehre und Standesgemeinsinn, dem Ausflusse des Volksgemeinschaftsgeistes, gründlich erneuert werden,[19] da sie in der jüngsten Vergangenheit immer mehr von der Verbandsbürokratie aufgesogen wurde.

In der Erneuerung der berufsständischen Selbstverwaltung erwächst nicht nur den Wirtschaftsverbänden, sondern auch den katholischen – sozialen Standes- und Jugendvereinen als Volksbildungs- und Volkserziehungsvereinen eine fruchtbringende Arbeitsaufgabe.

Abschließend sagen wir: der die Deutsche Revolution tragende Nationalsozialismus muss über seine vorangestellte Anti-Richtung, die nur beseitigen, niederkämpfen, aufräumen kann, hinauskommen zur Verwirklichung der gemeinschaftsbildenden Aufbaukräfte, die erst Reform, d.h. seelische Erneuerung durch seelische Vergemeinschaftung, erwachsen lassen. Machen kann man sie nicht. Der Nationalsozialismus muss deshalb von der Parteiorganisation, die nur tote zweckhafte äussere Ordnung und

---

[18] Diese ungenauen und undefinierbaren Wortschöpfungen und Schlagwörter machen jede rational kontrollierbare Kommunikation unmöglich, da ihre Verwendung in unterschiedlichen politischen Gruppen unterschiedlich ausgelegt werden konnte.
[19] Wie viele Konservative sah Pieper in der agrarisch-handwerklich-vorindustriell geprägten Welt eine noch nicht von wirtschaftlichen Interessen geprägte romantische Gemeinschaft gleichberechtigter Volksgenossen.

Veranstaltung mechanisch machen kann, sich umwandeln zur organischen, lebendigen Volksgemeinschaftsbewegung, die Volksganzheitsbestätigung ist. Die in der autoritären Regierung mithandelnde [//8//] Deutschnationale Partei blieb bisher stecken in der Forderung der äusseren, von oben her zu machenden, berufsständischen Ordnung als eines Grundstockes des autoritären, obrigkeitlichen Staates. Solche blosse Ordnung führt nur zur Vergesellschaftung der durch Vertragsabschluss äusserlich Verbundenen, daher einander Fremden. Von inneren, aus dem Volkstum wachsenden vergemeinschaftenden Kräfte spricht sie nicht. Wenn wir die katholischen sozialen Vereine: Volksverein, Standes- und Jugendvereine, als berufene Mitarbeiter am inneren Aufbau des neuen nationalen und sozialen oder Volksgemeinschafts-Staates ansprechen, so geschieht es unter der Voraussetzung, dass sie sich auf das im katholischen Volke in Resten noch lebendigen *Volkstum* wieder besinnen, dessen Bekenner die Schriften von Anton Heinen und August Pieper sind.

[Nr. 7]

„Der Sinn des Krieges 1940 -"

[Nachlass-Handschrift August Piepers][20]

1. England und USA führen den Krieg unter der Losung: Gegen den Nationalsozialismus und Faszismus, die Bändiger der Selbstherrschaft des Kapitalismus. Das bolschewistische Rußland führt den Krieg gegen den N.Sozialismus und Faszismus, die Bändiger des Kommunismus.
England und USA führen weiterhin den Krieg, weil sie nicht von einem starken europäischen Festlande behindert sein wollen im Streben nach der wirtschaftlichen Weltbeherrschung durch die angelsächsischen Staaten. Nachdem die Achsenmächte die übrigen Völker Europas dem beherrschenden Einflusse Englands entzogen haben, gilt es [aus britischer Sicht – WN] zunächst wieder die Herrschaft Englands über Europa aufzurichten, einschließlich über Frankreich.
Das aufstrebende Japan hat darum sich mit den Achsenmächten solidarisch erklärt. Mit Frankreich verbündete es sich zum Schutze von Indochina.[21]

2. USA benützt die Flucht der englischen Armee vom Festlande und die von Deutschland geführte Schlacht im Atlantik dazu, England sich finanziell untertänig zu machen. Dann kann es als Bürgschaft für die geliehenen Gelder englische Stützpunkte in der Welt sich aneignen.

---

[20] LAV NRW W, Nachlass August Pieper [A 510], Nr. 19. [Handschrift; 14 Bl.; die Text-Unterstreichungen folgen dem Original.]
[21] Deutschland hatte dem besiegten Frankreich u.a. die Verwaltung seiner Kolonien belassen. In Indochina sollte Frankreich sich mit Japan gegen britische Kolonialtruppen verbünden. Das aggressive und expansiv nach Ost- und Südostasien ausgreifende Japan, dessen Rolle Pieper hier verniedlicht, sollte in Hitlers Kalkül vor allen Dingen die militärischen Kräfte der USA im Pazifik binden.

3. Unter der Herrschaft des Nationalsozialismus hat das deutsche Volk eine geschlossene Einheit und Schlagkraft der Kriegsführung, wie niemals zuvor, aufgebracht. Vor allem zeigt sich das gegenüber den Heerscharen des Bolschewismus, in denen kein wirtschaftlich Selbständiger für [//2//] Eigentum und Freiheit kämpft. Es sei daran erinnert, daß der N. Sozialismus zur Herrschaft gelangte, weil die Mittelbesitzer und Kleinbesitzer, deren es viel unter den Arbeitern gab, für den N.S. ihre Wahlstimme abgaben. Alle auf russischem Boden heute kämpfenden Soldaten können mit Händen greifen die Verwüstungen an Land und Menschen, welche der Bolschewismus herbeiführte durch die Beseitigung von Eigenbesitz und persönlicher Freiheit.

4. Dieser Krieg der Achsenmächte gegen fast die ganze übrige Welt wird hoffentlich die Deutschen bis zum letzten Mann befreien von der gewohnten Vertrauensseligkeit gegenüber den nicht verbündeten Völkern der Welt, die zur unwürdigen Fremdtümelei führte, infolgedessen auch zur Vernachlässigung der Wertung der auswärtigen Politik. Hier müssen die notwendigen Freunde mühsam und geschickt geworben werden. Die Fähigkeit dazu haben wir noch nicht erarbeitet. Wir hatten uns bisher keine Mühe gegeben. Der N.S. hat erst damit begonnen.[22]

5. Wir legten vorher kaum Wert auf unsere Geltung als Nation, die ebenbürtig macht den anderen nationalgesinnten Völkern. Erst das gepflegte Nationalbewußtsein als das Freiherrnbewußtsein, das zu Höchstleistungen des Staatsvolkes verpflichtet, vermag anderen Völkern Achtung vor uns einzuflößen. Frankreich und England haben das auszunützen verstanden, auch zum Nachteile des deutschen Volkes, das

---

[22] Das nationalsozialistische Deutschland hatte neben dem ‚Achsenbündnis‘ mit dem faschistischen Italien einen Bündnisvertrag mit Italien und Japan (‚Stahlpakt‘) sowie Neutralitäts- und Freundschaftsabkommen mit autoritären und faschistischen Regimes in Spanien, Portugal und einigen Balkanstaaten abgeschlossen.

sich in nüchterner Kleinstaaterei gefiel und damit die kleinli-
che Spießbürgergesinnung züchtete, die in Bedientengesin-
nung [gemeint ist hier: Untertanengeist – WN] ausartete.
[//3//] Der gegenwärtige Krieg mit seinen riesenhaften Op-
fern an Blut, Gut Entbehrungen verpflichtet die Deutschen
vor der Geschichte zur seelischen Vergemeinschaftung[23] aller
deutschen Stämme in einer unverbrüchlichen nationalen Einheit. Dadurch allein können gesühnt werden die furchtbaren
wirtschaftlichen und seelischen Leiden, welche seit Jahrhunderten die Deutschen sich durch inneren Hader zugezogen
haben von seinen mißgünstigen Nachbarvölkern. Immer
wieder unterstützten Gruppen von Deutschen die Angriffe
anderer Völker gegen die übrigen Deutschen aus kleinlichem
Neide.
Das war nur möglich, weil die deutschen Stämme wohl
selbstgenügsame Einzelstaaten, nicht aber eine deutsche
Staatsnation als Staatsvolkspersönlichkeit[24] aller Deutschen
aufbrachten. Man hat im Staate nur eine Anstalt zur Befriedi-
gung äußerer Lebensbedürfnisse und Schutzbedürftigkeit
[*gesehen*?], nicht aber die höchste irdische Seinserhöhung zu
einer Staatsvolkspersönlichkeit zwecks Aufbringung der Ehre, Größe und Macht des deutschen Volkes zum Schutze und
Trutze nach innen und außen. Erst das nationale Staatsbe-
wußtsein bringt Eisen in das Blut und Stahl in die Nerven,
dazu den Hochsinn und die Hochherzigkeit, welche befähi-
gen zu den Höchstleistungen eines Volkes auf allen Aufga-
bengebieten des Menschenlebens.
6. [//4//] Seit Jahrhunderten hat die deutsche Kleinstaaterei im
Volksgenossen den Untertanen gewertet, damit in ihm das

---

23 Dem positiv besetzten Begriff der ‚Vergemeinschaftung' setzte Pieper
durchgängig den negativ konnotierten Begriff der ‚Vergesellschaftung' gegenüber.
24 Diese und ähnlich klingende Formulierungen tauchen seit der frühen
Weimarer Republik immer wieder in Piepers Schriften auf, ohne dass konkret definiert wird, was genau damit gemeint ist.

knechtselige Minderwertigkeitsbewußtsein gepflegt, ihm das
Selbstverantwortungsbewußtsein abgesprochen. Als dann
den Volksgenossen Bürgerrechte zugebilligt werden mußten,
haben die unerzogenen Wähler ihre Rechte in politischen Parteien als Interessenvertretungen eigennützig betätigt.[25]
Während in der echten Volksgemeinschaft die Berufsstände
ihre Ehre darin sahen, als Glieder dem Volksganzen zu dienen, damit das Ganze sich in den Gliedern betätigen kann,[26]
suchen die Interessenparteien die Staatsgewalt klein zu halten, dann aber für den Eigennutz der selbstsüchtigen Wähler
auszunützen. So kam es sogar zu der Gründung konfessionel-
ler politischer Parteien als kirchlicher Interessenvertretungen.
Damit verpflanzte man die unselige Kirchenspaltung in das
Staatsvolkleben. Mehr konnte man den nationalen Staatsgedanken nicht herabwürdigen.
7. Somit fällt dem nat. soz. Volksstaate die große Aufgabe zu,
die Staatsnation als die große Volkserzieherin im deutschen
Volke zur Geltung zu bringen auf allen nichtkirchlichen Gebieten der Weltanschauung und Staatspolitik. Der nationale
Volksstaat besitzt nach Gottes Willen auf allen weltlichen Ar-
beitsgebieten ebenso das Charisma der schöpferischen Bildungsarbeit und Erziehungstätigkeit wie die Kirche ein Charisma auf religiösem Gebiete aufweist. Die Erfahrung hat bis
zur Gegenwart tausendfältig bewiesen, daß Staat und Kirche
[//5//] Pfuscharbeit leisten, wenn sie über ihr Eigengebiet
auf das Nachbargebiet übergreifen.

---

[25] Es war ein auch in anderen Manuskripten immer wiederkehrender Vorwurf Piepers an die politischen Parteien des Kaiserreichs und der Weimarer
Republik, dass diese sich als kleinstaatliche, sozioökonomische oder religiöse Interessenparteien gebildet hätten und daher zu wahrhaft nationaler
Politik unfähig seien. Vgl. auch den folgenden Absatz in Piepers Text.
[26] Dieses organizistische Denken in Berufsständen und Gliederungen des
Staatsganzen gehört ebenfalls zu den für Pieper typischen Denk- und Ar-
gumentationsstrukturen.

Fichte und Reichsfreiherr vom Stein haben vor hundert Jahren herrliche Worte gefunden für die Volksbildungsaufgaben und Volkserziehungsaufgaben der Staatsnation, für deren Lösung dieselbe vom Schöpfer des Menschengeschlechtes begnadet ist. Nichts anderes kann in den Volksgenossen fruchtbarer die Ehrfurcht vor dem nationalen Volksstaate begründen und die Opferwilligkeit für den Dienst am Gemeinwohle der Volksgemeinschaft entzünden und stärken.

8. Neben der Nationwerdung erstrebt der Nat. Soz. die soziale Volksgemeinschaftsordnung im autoritären Staate oder den autoritären Sozialismus mit dem Leitsatze: „Gemeinnutz geht vor Eigennutz."

Die Bemühungen der deutschen Sozialreform um die Verwirklichung jenes Leitsatzes auf dem Wege der freiwilligen seelischen Vergemeinschaftung der Träger der Wirtschaft waren vergebens. Der Individualismus, namentlich betätigt durch die kapitalistische Wirtschaftsgesinnung des Arbeitens zum Zwecke des Gewinnmachens an den Volksgenossen, hatte die gemeinschaftsbildenden Kräfte der Treue und Güte zerstört. Nicht minder war die religiöse Gesinnung der gemeinschaftsbildenden christlichen Bruderliebe aus dem Wirtschaftsleben entwichen.[27]

Nur der Zwang der autoritären nat. soz. Wirtschaftsführung liefert in absehbarer Zeit die Verwirklichung jenes Leitsatzes: Gemeinnutz geht vor Eigennutz. Das muß laut bekennen jeder, wer in den letzten 50 Jahren in der staatlichen Sozialpolitik und in der freien Sozialbewegung sich um die Erweckung der freien seelischen Vergemeinschaftung in den Trägern des deutschen Wirtschaftslebens gemüht hat. Er kann nur von einer [//6//] staatlichen Zwangserziehung erwarten, daß die älteren Deutschen zunächst unter der autoritären nat. soz. Wirtschaftsführung sich zur gefügigen Betätigung des Leit-

---

[27] Auch diese Sicht der Zerstörung der vermeintlichen heilen ständischen Welt durch kapitalistisches Profitdenken ist typisch für Piepers naivromantisches Denken.

satzes sich bereitfinden und sich daran gewöhnen, daß inzwischen die jungen Deutschen in dem Glauben an die neue Wirtschaftsgesinnung erzogen werden. Zur Unentbehrlichkeit dieser staatlichen Zwangserziehung müssen sich auch die sozialdenkenden Geistlichen bekennen. Denn alle kirchliche soziale Arbeit hat vergebens den Gemeinschaftsgeist unter den Katholiken zu erwecken sich bemüht. Sie war deshalb dazu verurteilt, in den freien sozialen Vereinigungen „die Interessen der Mitglieder zu fördern", zwar im Rahmen der ausgleichenden Gerechtigkeit. Die Führer des Volksvereins haben vergebens betont, daß die Gerechtigkeit nur vergesellschaftet, nicht aber seelisch vergemeinschaftet.[28] Als in der Demokratie die wirtschaftlichen Interessenorganisationen sich der Staatsgewalt bemächtigt hatten, hatten dessen Mitglieder die Hilfe des Volksvereins in der Förderung der Interessen nicht mehr nötig. Die Geistlichen fanden den Volksverein darum nur noch nötig zur Förderung der Interessen der Kirche und der konfessionellen Schule. Der Volksverein änderte darum 1928 seine Satzung demgemäß und unterstellte sich der Katholischen Aktion. August Pieper schied aus dem Vorstande aus.[29]

Leider hat alle Betätigung der deutschen Katholiken im öffentlichen Leben des deutschen Volkes seit hundert Jahren sich bloße Interessenvertretung zur Aufgabe gestellt. Nur im stillen Untergrunde lebte als private gemeinschaftsbildende Kraft das schnell absterbende Volkstum. Die katholische Caritas ward daneben vornehmlich als verdienstliches gutes

[28] Vgl. oben Anm. 23.
[29] A. Pieper und sein Mitstreiter Anton Heinen waren im Laufe der 1920er Jahre mit ihren abstrakten völkischen Vergemeinschaftungsvorstellungen im *Volksverein für das katholische Deutschland* immer mehr ins Abseits geraten. Die ‚Katholische Aktion' versuchte seit dem Ende der 1920er Jahre unter dem Einfluss der Bischöfe, das Chaos der Vielzahl der sozialen, politischen u. religiösen Vereine in den Griff zu bekommen. Hier lag einer der Gründe für Piepers immer wieder durchscheinende Aversion gegen den Episkopat.

Werk gepflegt. Die Förderer der katholischen Karitasbewegung lehnten darum durchweg die „unheilige" staatliche Sozialpolitik ab. Das war echt feudal gedacht als Wohlfahrtspflege von oben. Angesichts dieser in den Kreisen der hohen und niederen [//7//] Geistlichen gepflegten Gesinnungen hat der Klerus durchweg seit Beginn der sozialen Bewegung nur „aus seelsorglichem Interesse" die soziale Betätigung mehr oder weniger gefördert. Die meisten Geistlichen nahmen überhaupt die Weltarbeit der Christen an sich nicht ernst. Sie erwarten die Selbstbeteiligung der Laien durchwegs von deren Teilnahme an den „geistlichen" Mitteln der Selbstheiligung der Priester und Ordensleute. Die Kirchenfeindlichkeit des N.S. genügt dem Klerus als zwingender Grund zur Animosität gegen das autoritäre Sozialprogramm des N.S. Der Klerus überlegt nicht, welchen seelischen Konflikt das erregt namentlich in den heranwachsenden Katholiken. Dieser Konflikt ist natürlich unheilvoll für die kirchliche Gesinnung der Laien, zumal der nat. soz. Führerstaat alle Arbeit in Deutschland vergibt, erst recht alle Beamtenstellen.

9. Diese Animosität der Geistlichen gegen den unkirchlichen Nationalsozialismus hat dieser beantwortet mit der ebenso animosen Unterdrückung jeder politischen Betätigung des Klerus und des kirchlichen Lebens im Dritten Reiche, also jeder kirchlichen direkten Einwirkung auf das autoritäre totale Staatsleben.[30] Die Geistlichen haben im Stillen gespielt mit der Liebhaberei für einen neuen Kulturkampf als das Anfeuerungsmittel einer religiösen Gesinnungserneuerung. Sie bedachten nicht, daß dafür Voraussetzung war das Bestehen unabhängiger politische[r], der Regierung unentbehrlichen Parteien, welche den Schutz der Freiheit der Kirche sich zur Aufgabe stellten.

---

[30] Auch dies ist ein Standardvorwurf Piepers gegenüber Anschuldigungen der katholischen Kirche, der NS sei kirchenfeindlich.

Heute ist die Kirche jeder politischen Betätigung beraubt und der nat. soz. Staat behandelt sie als seinen geschworenen Gegner.

[//8//] Mit alledem ist die katholische Kirche verwiesen auf die rein religiöse Betätigung eines „Reiches nicht von dieser Welt", aber zur Heiligung des Reiches von dieser Welt. Solche rein religiöse Betätigung kann heute nur geschehen auf dem Felde des Volkstums, das schwer geschädigt ist und dessen Erneuerung im Dritten Reiche durch die Sozialpädagogik erstrebt wird von den Eiferern für die Volksbildungsbestrebungen als Förderin der Volkwerdung. All das besagt die Erwirkung und Anleitung der in der Natur des Menschen veranlagten gemeinschaftsbildenden Kräfte der Treue als Glauben an einander und der Liebe als Gutsein gegen einander. Lebt doch auch die Religion Christi als Gottinnigkeit aus Glaube als Sicherziehen der Vernunft an Gott und aus Liebe zu Gott und zum Nächsten. Die meisten Katholiken begnügen sich mit der vom Heilande am Eingange der Bergpredigt abgelegten Gesetzesgerechtigkeit, erfüllt in knechtseliger Erfüllung der Gebote Gottes und der Kirche, geleistet als verdrießliche Werke um des himmlischen Lohnes willen. Sie wollen dadurch es von Gott gut haben, nicht gut werden durch Wiedergeburt zu Kindern Gottes, so daß sie in Gott leben und Gott in ihnen lebt. Solche Christen geben auch ihrer arbeitsteiligen Weltarbeit nicht den Sinn eines Treuedienstes und Gütedienstes des Glücks der Volksgemeinschaft. Erst darin betätigt man eine soziale Gesinnung.

[//9//] In der Sozialpolitik sehen die meisten Katholiken ein Mittel der Vertretung der berechtigten Interessen. Darob löste sich das deutsche Volk immer mehr auf in Kampfgruppen, die nach der Verwirklichung einer ausgleichenden Gerechtigkeit strebten. Durch solche ausgleichende Gerechtigkeit unter blos vergesellschafteten, blos neben einander lebenden Menschen kommt keine echte Ehe und Familie, auch kein Wirtschaftsvolk und Staatsvolk zustande.

Zu dieser Lebenswahrheit hat der Nationalsozialismus sich bekannt. Auch darum ist er der scharfe, unversöhnliche Gegner des Katholizismus. Das sehen die meisten Katholiken leider noch nicht. Sonst würden sie Bedenken tragen, das Dritte Reich blos wegen seiner Unkirchlichkeit scharf abzulehnen.

10. Die alten Nationalstaaten England, Frankreich, Rußland haben das deutsche Volk seit Jahrhunderten, ebenso Italien und die kleinen Balkanstaaten, an der Nationwerdung, damit an der Kraftentfaltung und Freiheit zu hindern gesucht.[31] Unendliche Leiden haben diese Völker tragen müssen. Zum ersten Male haben der Faszismus und Nationalsozialismus die Nationwerdung der Italiener und Deutschen zustande gebracht. Diese konnte nur sichergestellt werden durch die Entmachtung der Feindseligkeit der slawischen Nachbarn Deutschlands,[32] welche Anlehnung an die alten Nationalstaaten gewohnt waren. Die Einigung von Großdeutschland und Italien ermöglichte [//10//] die Betätigung einer Großmachtpolitik auf dem europäischen Festlande gegenüber Frankreich und Rußland. Diese Politik mußte von einer autoritären Regierung auf absehbare Zeit geleitet werden.

Nur autoritär geleitete nationale Staaten konnten Widerstand leisten gegen den Einbruch des russischen, autoritär geleiteten Bolschewismus in West-Europa.

Der National-Sozialismus hat Recht mit der Behauptung, daß in Deutschland die bürgerlichen politischen Parteien wie auch die katholische und evangelische Kirche nicht die sozialdemokratische und kommunistische Partei an dem Aufstei-

---

[31] Diese Behauptung ist aus mehreren Gründen fragwürdig: Zum einen war Rußland kein Nationalstaat, und zum anderen hatte auch das Kaiserreich Österreich (ab 1866 Österreich-Ungarn) ein gerütteltes Maß Schuld daran, dass Italien und die slawischen Völker des Balkans zunächst keine Nationalstaaten gründen konnten.

[32] Auch hier zeigt sich, dass Pieper die Besetzung und Zerschlagung der Tschechoslowakei (1938) sowie den Krieg gegen Polen (1939) völlig verzerrt wahrnimmt.

gen zur Macht gehindert haben. Beide sozialistische Parteien trieben den politischen Machtkampf, nicht einen bloßen Weltanschauungskampf. Die 1918 heimkehrenden besiegten Frontsoldaten hatten dagegen eingesehen, daß nur die Gründung einer nat.soz. autoritären Partei den autoritären sozialistischen proletarischen Parteien in Deutschland und der Weltpropaganda des Bolschewismus Halt gebieten könne.[33] Als ich 1892 beim Volksverein zu arbeiten begann, habe ich mich sofort gewehrt gegen das Ansinnen von Geistlichen, als Sozialistentöter zu arbeiten. Denn die ablehnende Haltung der Katholiken gegen eine kräftige Sozialreform erkannte ich von Jugend auf als die Ursache der proletarischen Verzweiflungspolitik. Ebenso habe ich den raschen Aufschwung des Nationalsozialismus zugeschrieben der hundertprozentigen, in Bausch und Bogen vollzogenen Gegnerschaft des Klerus und der alten politischen Parteien gegen die Reformforderungen der nat. soz. Partei. Schon als Priester falle ich nicht her über den Christgläubigen, der sich abgestoßen fühlt von der Kirche, in der er aufwuchs.

[//11//] Seit dem Anwachsen der Sozdie[34] in Deutschland erwiesen sich die bürgerlichen Parteien wie auch die Leiter der christlichen Kirchen nicht mehr als wandlungsfähig in der Zeit eines tiefgreifenden Umbruchs der weltlichen Ordnungsmächte. Die Besitzenden in der Volkswirtschaft hatten ihre Freiheit vordem in schweren Kämpfen erringen müssen gegenüber dem Absolutismus der Fürsten und der Herrschaft der adligen Grundherren. Eben diese Aufgestiegenen wehrten sich seit mehr als 100 Jahren gegen den Aufstieg der Besitzlosen. Wie hilflos und ratlos standen jetzt die bürgerlichen Parteien gegenüber der furchtbaren Arbeitslosigkeit, welche den Staat finanziell zum Bankrott trieb.

---

[33] Auch an anderen Stellen seiner Manuskripte beurteilt Pieper die reaktionäre, militaristische, antibolschewistische und chauvinistische Ideologie der Heimwehren, Veteranenorganisationen u. Wehrverbände nach 1918 positiv.
[34] *Sozdie*: von Pieper häufig verwendete Kurzform für ‚Sozialdemokratie'.

In dieser Ratlosigkeit offenbarte sich die Schädlichkeit der
von allen bisherigen politischen Parteien betriebenen Interessenpolitik, die den Staat als Gegenstand der Ausnutzung der
Wähler betrachtet. Diese Einstellung gegenüber dem Staate
mußte sich natürlich tö[d]lich verletzt fühlen durch die
Zentralforderung des N. Soz. „Gemeinnutz geht vor Eigennutz."
Die Kirchen dürfen sich nicht darüber wundern, daß in solchen Zeiten eines totalen Umbruches von Wirtschaft und
Staat die ernsten Reformparteien den Kirchen ihr Vertrauen
entziehen, wenn die Vertreter der Kirchen die Reformen
kurzweg bekämpfen.

11. [//12//] Der gegenwärtige Krieg gibt also den besinnlichen
Deutschen viele heilsame Lehren für eine gründliche Besinnung auf die Forderungen einer klugen Groß-Staatspolitik,
die würdig ist eines 90 Millionenvolkes, das im Herzen des
europäischen Festlandes einen Großstaat darstellt. Als sol-
chem fallen dem Dritten Reich im Rate der anderen Großstaa-
ten weltgeschichtliche Aufgabe zu. Bislang haben die im
Großdeutschland geeinten deutschen Stämme nur kleinstaat-
liches Denken gepflegt, dadurch sich zum Ambos für die
Nachbarstaaten den nationalen Nachbarvölkern dargeboten.
Sie kannten durchweg nur Zwecke des Staates, die von den
Bürgern ausgenutzt werden konnten. Unbekannt war ihnen
der Sinn des Staates.
Ich habe in meinem Buche: „Der Staatsgedanke der deutschen
Nation" (259 Seiten in 8°)[35] als von Gott gegebenen Sinn des
Staates dargelegt: Aufbau einer Staats-Volksfamilie als Vater-
land, und der Nation als Staats-Volkspersönlichkeit. Letztere
pflegt die Ehre, Größe und Macht der Nation. Erst Vaterland
und Nation verwirklichen einen Sinn des Lebens. Um am
Staate den persönlichen Eigennutz zu pflegen, braucht es
keiner Bildung und Erziehung. Dafür genügen die tierähnli-

---

[35] 1928 im Verlag des Volksvereins, Mönchengladbach. Textauszüge →Nr. 2.

chen niederen Triebe des Eigennutzes. Es ist begreiflich, daß echte Staatsnationen das deutsche Staatsvolk bisher als nicht gleichberechtigt mit den nationalen Völkern behandelten, darum [es][36] zu verknechten suchten.

Darum schließe ich meine Ausführungen mit der Mahnung an die Deutschen: Begnügt Euch nicht mit einem vollen Siege in diesem Kriege. Geht besinnlich in Euch und pflegt in den nützlichen Staatszwecken, die ich oben dargelegt habe, den Sinn des Staates, nämlich [//13//] den vaterländischen Volksfamiliengeist, vor allem aber den Lebenswillen zur Ehre, Größe und Macht der Staatsnation als Staatsvolkspersönlichkeit.

Wenn das Dritte Reich eine autoritäre Regierung über Euch führt, so ist das heilsam, weil es Euch das Fortfahren in der bisher von den Bürgern beliebten Interessenpolitik der Wähler unmöglich macht, damit [Ihr] Euch diese knechtselige Einstellung zum Staate abgewöhnt.

Den großen Sinn dieser meiner Forderung könnt Ihr Euch nur einprägen, wenn Ihr in echter gottgläubiger Gesinnung den letzten Sinn der vom deutschen Volke in diesem neuen Weltkrieg geforderten furchtbaren Opfer darin sehet, daß Ihr durch diesen Euch mannhaft erziehet zu der adligen Gesinnung der Träger der deutschen Nation, die zusammen mit der italienischen Nation von Gott berufen ist zu einer menschenwürdigen neuen Ordnung in Europa.

Dazu ist erfordert eine tiefe seelische Erschütterung des deutschen Volkes, in der es allen bisher gesicherten Besitz an Gut und Leben in Frage gestellt fühlt durch das allmächtige dunkele Schicksal, den Herrn über Leben und Tod. Will der Mensch diesen Eingriffen einen befriedigenden Sinn geben, so muß er dem Kriege, der alles Bestehende auf das Spiel setzt, einen heilbringenden Sinn geben, der Gottes, des Herrn über Leben und Tod, würdig ist. Dieser Sinn kann nur sein

---

[36] Im Original steht: „sie".

die Prüfung und Läuterung der Menschen zwecks der Selbst-
besinnung auf die Absichten der göttlichen Weltregierung. Es
ist nach dem Glauben aller Religionen der Vorzug Gottes,
daß er gütig ist, daher das Böse nur zuläßt, um es zum Guten
zu wenden. Dadurch verherrlicht sich am höchsten seine
Allmacht. Dabei will er den Menschen [//14//] als den Mitt-
ler seiner Vatergüte zuziehen. Frei soll er sich dazu anbieten
dadurch, daß er, der furchtbar unter dem Schrecken des
Krieges seelisch leidet, viele Güter opfert, vielfach das Leben
opfert, dem Kriege denselben Sinn gibt, den Gott ihm gibt.
Dagegen gehen alle jene ohne den Segen einer persönlichen
Läuterung aus dem gegenwärtigen Weltkriege hervor, die
nur den einzigen Gedanken als Wunsch hegen: „Möchte dieser Krieg bald enden und ein gutes Ende nehmen!" Diese
Schwachen haben in der abgeschlossenen Friedenszeit so oft
über das elende Dasein in ihrer Umwelt geklagt. Da jetzt das
Schicksal mit diesem [?] Elende Kehraus macht, können diese
Schwachen nicht den Hochsinn und die Hochherzigkeit aufbringen, sich zu entschließen: Fangen wir jetzt an mitzuwir-
ken an der Erneuerung, die Gott in diesem Kriege beginnt,
indem wir unsere Gliedleben in dem jetzt auf das Spiel ge-
setzten Staatsvolke einen neuen, des Schöpfers würdigen
Sinn geben dadurch, daß wir nur solche Zwecke verfolgen,
welche jenem von Gott gewollten Sinn sich einordnen.

[Nr. 8]

„Bekenntnis eines kirchlich denkenden Laien"

[1942][37]

1. Die christgläubigen Laien leisten die Weltarbeit in Volkswirtschaft und Staatsnation als die Erfüllung ihres Lebensberufes, des Willens Gottes, aus aufrechtem Gewissen. Sie sind daher berufen zur Beurteilung der Frage, ob ihre vom totalitären Staate geleitete Weltarbeit sie mit Notwendigkeit in stetigen Konflikt mit ihrem Gewissen bringt. Die bekenntnistreuen christlichen Laien verneinen das.

Die Tatsache, daß die heutige Staatsleitung eine Weltanschauung bekennt, die abweicht vom christlichen Offenbarungsglauben, kann die werktätigen kirchengläubigen Laien nicht entbinden von ihrer loyalen Pflichterfüllung der Bürger. Christus erklärte: „Gebt dem Kaiser, was des Kaisers ist." Paulus schreibt an die Epheser 6,5: „Ihr Knechte seid gehorsam eurem leiblichen Herrn in Einfalt eures Herzens, als Christen."

2. Die in der Weltarbeit tätigen Laien erachten weiterhin für geboten, daß der Klerus eine Beseitigung des Kampfzustan-

---

[37] Dieser Text befindet sich im Anhang an einen Brief Piepers an Stegerwald vom 13.2.1942 [Archiv für Christlich-Demokratische Politik (ACDP), Nachlass Stegerwald, 011/2, Bl.1]. Er gehört in den Zusammenhang des Briefwechsels zwischen den beiden ehemaligen Zentrumspolitikern, in dem es darum ging, wie das zerrüttete Verhältnis zwischen NS-Staat und katholischer Kirche in Deutschland verbessert werden könne. In diesem Zusammenhang hatte Stegerwald Pieper mehrfach gebeten, ihm Exposés zukommen zu lassen, welche er dann, ohne den Verfasser zu nennen, in Gesprächen mit dem neuen Erzbischof von Paderborn als Meinung eines politisch interessierten katholischen Laien ausgeben wollte.

des zwischen Staatsführung und Kirche hochherzig erstrebt durch Anbahnung gegenseitiger Verständigung.

Der heutige totalitäre Staat ist auf verfassungsmäßigem Wege durch Volksabstimmung zur Herrschaft gekommen. Das hat der Episkopat anerkannt. Dieser Staat schließt aber aus nicht blos die Berechtigung der Bürger zur Anwendung politischer Kampfmittel des passiven Widerstandes gegen die Staatsregierung, welche im Kulturkampfe der siebziger und achtziger Jahre des verflossenen Jahrhunderts im damaligen konstitutionellen Staate verfassungsmäßig gestattet waren; heute schließt der totalitäre Staat auch kraft seiner Vollmacht aus das Zeigen der kalten Schulter der Bürger und ihr gehässiges Urteilen über das Tun und Lassen der Bevollmächtigten des Nationalsozialismus. Die Unzeitgemäßheit jener Kampfmethode wird heute von vielen Katholiken nicht erkannt. Hunderte von harmlosen Geistlichen und Laien sind deshalb in das Gefängnis gebracht worden. Und breite Kreise der kirchentreuen Katholiken mutmaßen als alleinigen Beweggrund jener Bestrafungen eine grundsätzliche Kirchenfeindschaft [des Nationalsozialismus – WN]. Die gläubigen Katholiken müssen von solcher Gewissensbedrängnis befreit werden. Sie bleibt zudem ein Hemmnis der dringend wünschenswerten politischen Verständigung zwischen der Staatsführung und den Kirchen.[38]

3. Das um so mehr, als solche Verständigung erfahrungsgemäß heute von kirchlich gesinnten Einzelpersonen, welche während der Kampfjahre der nationalsozialistischen Bewegung sich der nationalsozialistischen Partei angeschlossen haben und politische Ämter im Dritten Reich bekleiden, nicht angebahnt werden kann, solange die Leiter der Kirche das Zeigen der kalten Schulter durch Klerus und deren kirchentreue Gefolgschaft bestehen lassen. Denn die Staatsleitung verlangt, daß die Betätigung der loyalen Haltung des Kirchenvolkes als

---

[38] Eine solche „Verständigung" war das eigentliche Ziel von Stegerwalds Initiative bei den deutschen Bischöfen bzw. Erzbischof Jaeger.

Gesamtheit durch die Geistlichkeit gewährleistet wird. Erst dann auch können die Kirchen erwarten, daß die eifernden Anhänger des Nationalsozialismus[39] ein Ohr haben für die sachliche [?] Begründung der Glaubwürdigkeit der Religion Christi.

4. Die katholische Kirche hat in den ersten Jahrhunderten Boden gewonnen unter Verzicht auf politische Machtmittel. Der Heiland hat seine Apostel angewiesen auf ihr Wirken durch vorbildliches Bekennen ihres religiösen Glaubens und durch Betätigung der Bruderliebe, selbst in der Feindesliebe. Als den Sinn solchen Werbens für die Religion der Liebe bezeichnete er: „Ihr seid das Salz der Erde, das Licht der Welt." Zu diesem schöpferischen apostolischen Wirken gab der Heiland das Vorbild in seiner gottmenschlichen Persönlichkeit und die Hilfe in der Sendung des Heiligen Geistes. – Heute ließ die Vorsehung zu, daß das Dritte Reich nur diese Mittel der Bewährung des Offenbarungsglaubens gestattet. Schon vorher ließ die Vorsehung zu, daß die Katholiken die Mittel der kämpferischen Apologetik als unfruchtbar erfuhren.

Die politischen Parteien unterlagen nicht dem Einflusse des Klerus.

In Italien fand Mussolinis Parole: „Wiederaufrichtung des Römischen Imperiums" zunächst durch die nationale Einheitsgesinnung aller Italiener begeisterte Zustimmung. Auf vielerlei seelische Hemmnisse stieß dagegen seit einem Jahrhundert die erst von Bismarck tatkräftig aufgenommene Parole der nationalen Einheit aller Deutschen! Seit den Kriegen gegen Napoleon I. formulierten Moritz Arndt und Reichsfreiherr v. Stein deren Sinn: Für die Ehre, Größe und Macht der

---

[39] Pieper und vor allen Dingen Stegerwald gingen davon aus, dass es in der NSDAP eine „eifernde" radikal kirchenfeindliche Gruppe (z.B. die – so Stegerwald – ‚Radikalinskys' wie Goebbels, Himmler und Rosenberg) und eine eher pragmatische Fraktion, zu der sie auch Hitler selbst zählten, gab. Besonders für diese Gruppe war Stegerwalds Anbiederungskurs gedacht, um das Verhältnis zwischen NSDAP und katholischer Kirche zu verbessern.

deutschen Nation als Staatsvolks-Persönlichkeit.[40] Nun
zwang Hitler ihr erstmals auf durch einen vom Führer geleiteten nationalsozialen Staat, der sich schon durch seinen Namen für die Volksgemeinschaft und Nation verpflichtete,
damit zugleich für die Bekämpfung der Weltgefahr des Bolschewismus.[41] Den Kampf gegen diesen kann nur ein seelisch
geeintes Volk siegreich führen, das die Volksgemeinschaft
und Nation lebensnotwendiger, darum als eine von Gott ge-
stiftete Lebensgemeinschaft ehrfürchtig verehrt.

[*An dieser Stelle fügte Stegerwald handschriftlich hinzu:* „Ob man
dieser Gedankenwelt in allem zustimmt oder nicht, ist hier
dem, der sich Sorge macht um das Glaubensgut der katholischen Kirche in der Zukunft, nicht das Entscheidende. Wer
positive Kirchenpolitik und politisches Ressentiment zu unterscheiden weiß und aus den gegenwärtigen Wirren gangba-
re Auswege sucht, muß diesen Hintergründen und Zusam-
menhängen klar ins Auge sehen."]

[*Unter dieser Notiz steht mit Schreibmaschine geschrieben:* „Weite
Kreise haben anfänglich daran geglaubt, daß der deutsche totalitäre Staat mit den Kräften von Innen und später mit jenen
von Außen beseitigt oder gewandelt werden könne. Die Vorstellungen haben sich als Illusion erwiesen.]

Durch den Krieg mit Rußland eröffnen sich auch der kirch-
lich-religiösen Problematik sowohl günstige wie ungünstige
Perspektiven."][42]

---

[40] Auch hier taucht dieser Lieblingsbegriff Piepers auf, ohne näher definiert
zu werden. Pieper glaubte, dass das in einem Nationalstaat vereinigte Volk
wie eine Person handeln könne und solle.

[41] Auch dieser Gedanke, dass nur die in der nationalsozialistischen Volksgemeinschaft organisierte deutsche Nation den expansiven Bolschewismus
aufhalten könne, findet sich durchgängig in vielen Manuskripten Piepers
der 1930er Jahre.

[42] [*Auf der Rückseite des vorherigen Blattes folgt August Piepers:* „Entwurf einer
Erklärung der katholischen Kirchenführung an den Führer des Großdeutschen Reiches". →Nr. 9]

[Nr. 9]
„Entwurf einer Erklärung der katholischen Kirchenführung an den Führer des Großdeutschen Reiches"
[1942][43]

1. Die bekenntnistreuen Katholiken im Großdeutschen Reiche bekennen sich als staatstreue Bürger des vom Führer der Nationalsozialistischen Deutschen Arbeiterpartei geleiteten Großdeutschen Reiches, das sich zur Aufgabe stellt die Verwirklichung von Volksgemeinschaft und Nation.
2. Sie anerkennen, daß dem Führer die Staatsgewalt durch die Volksvertretung übertragen ist. Darum leisten sie ihm im Frieden und Kriege Gefolgschaft bei der Durchführung der dem Großdeutschen Reiche obliegenden Aufgaben.
3. Sie verzichten dabei auf die Erörterung der Gegensätze der kirchlichen Bekenntnisse sowie der kulturellen Weltanschauungen. Vielmehr eifern sie dafür, aus der Treue zu ihrem kirchlichen Bekenntnisse das Beste für das Gemeinwohl von Volksgemeinschaft und Nation zu leisten.
4. Deshalb wünschen sie, in Reich und Gemeinde zugezogen zu werden bei allen Arbeiten für das Gemeinwohl.

---

[43] Dieser Text befindet sich ebenfalls im Anhang an einen Brief A. Piepers an Stegerwald vom 13.2.1942 [Archiv für Christlich-Demokratische Politik (ACDP), Nachlass Stegerwald, 011/2]. Eine fast wortgleiche Abschrift befindet sich in LAV NRW W, Nachlass August Pieper, Nr. 176.

5. Sie wünschen aufrichtig dazu mitwirken zu können, daß die in den Kriegsjahren von Feldheer und Heimat bewiesene völlige Einmütigkeit im Opferbringen für Volk und Vaterland ungeschwächt weiterlebe in der kommenden Friedenszeit, welche große Aufbauarbeiten einmütig zu leisten hat.

Begründung.

Die Einreichung der vorstehenden Erklärung der katholischen Kirchenführung begründet sich mit der jetzigen Kriegszeit. In einer anderen Zeitlage läge der Verdacht nahe, daß die Kirchenführung ihre Partie verloren gebe.

Deshalb läge zu anderer Zeit der Staatsführung die Versuchung nahe, die Kirche zu demütigen. Auf der Höhe des Krieges geht das nicht an.

Heute kann ihr wohl daran liegen, eine Handlung der Hochherzigkeit zu vollziehen, zumal jetzt neue Bischöfe ihr Amt antreten.[44]

---

[44] Damit wird auf Lorenz Jaeger hingewiesen, der kurz zuvor zum Erzbischof von Paderborn ernannt worden war und den Pieper und Stegerwald im Hinblick auf ein besseres Verhältnis zwischen Episkopat und NS-Regierung zu beeinflussen versuchten, sowie auf den noch nicht ernannten neuen Erzbischof von Köln.

DER AUTOR DIESES BANDES

Werner Neuhaus, geb. 1947 in Wickede (Ruhr), Studium der Anglistik und Geschichte in Münster und Sheffield, von 1976 bis 2009 Lehrer am Städtischen Gymnasium Sundern. – Mitherausgeber der dreibändigen Chronik „700 Jahre Sundern - Freiheit und Kirche" (2010-2012). In Veröffentlichungen zur Sozial- und Kulturgeschichte des Sauerlandes im 19. und 20. Jahrhundert untersucht er u.a. die Revolution von 1848, die nationalistische Aufladung des katholischen Milieus nach 1900, die sogenannte Heimatfront und das Los der Kriegsgefangenen im Sauerland während des 1. Weltkrieges sowie regionale Erscheinungen der völkischen Bewegung zur Zeit der Weimarer Republik.

Sauerländische Friedensboten

Friedensarbeiter, Antifaschisten und Märtyrer
des kurkölnischen Sauerlandes: Erster Band.

ISBN: 978-3-7431-2852-1
(524 Seiten; Paperback; BoD 2016; € 15,99)

edition *leutekirche sauerland* 4

Dieser Band zur "Friedenslandschaft Sauerland" erschließt über
20 Biographien von Frauen und Männern, die sich für Frieden
und Menschenrechte eingesetzt haben.

Die Botschaft der nahen Vorbilder lautet:
"Versagt euch den völkischen Hetzern und
der Kriegsmaschinerie! Sagt NEIN!"

Die Geschichten von Mut und Menschlichkeit handeln mehrheitlich
von "katholischen Lebenswegen". Der Umschlag zeigt jedoch
den israelischen Friedensarbeiter Gabriel Stern (1913-1983), der im
Sauerland aufgewachsen ist und ein Mitarbeiter Martin Bubers wurde.

Das Buch vereinigt Arbeiten von Peter Bürger, Dr. Ilse Eberhardt,
Karl Föster (1915-2010), Paul Lauerwald, Werner Neuhaus,
Dr. Wolfgang Regeniter, Dr. Erika Richter, Werner Saure,
Dr. Reinhard J. Voß (Geleitwort) und Joachim Wrede ofm cap.

In mehreren Kapiteln werden außerdem historische
Quellentexte dokumentiert.

Georg D. Heidingsfelder
Gesammelte Schriften

Eine Quellenedition zum
linkskatholischen Nonkonformismus
der Adenauer-Ära

Band 1
ISBN 978-3-7431-3416-4
(400 Seiten; Paperback; 13,90 €)
Norderstedt: BoD 2017

Band 2
ISBN 978-3-7448-2123-0
(428 Seiten; Paperback; 13,99 €)
Norderstedt: BoD 2017

Vor einem halben Jahrhundert starb im Sauerland der Publizist
Georg D. Heidingsfelder (1899-1967), der 1949-1963 als katholischer
Nonkonformist und Mitstreiter Reinhold Schneiders in Erscheinung getreten ist.
Ein Artikel aus seiner Schreibwerkstatt, veröffentlicht Mitte Juni 1953, zog eine
zweimalige Vernehmung bei der Kripo wegen "Staatsgefährdung" und
"Beleidigung des Bundeskanzlers" nach sich. Heidingsfelders Kernthemen sind die
Soziale Frage, die Auseinandersetzung mit dem deutschen Faschismus und der
Frieden. Seine Ablehnung von Militarismus, Wiederbewaffnung, Wehrpflicht und
Atombombentheologie fällt kompromisslos aus. Zuletzt konnte er fast nur noch in
Blättern veröffentlichen, die als "kryptokommunistisch" galten.
Die Verweigerung gegenüber der katholischen Einheitsfront führte zu großen
Anfeindungen im eigenen kirchlichen Milieu. Der brotlos gewordene
Schriftsteller versuchte schließlich, als Fabrikarbeiter seine Familie zu ernähren.
Die hier in zwei Bänden vorgelegte Ausgabe der Gesammelten Schriften
G.D. Heidingsfelders ist ein Beitrag zum Projekt "Friedenslandschaft Sauerland"
und auch eine bedeutsame Quellenedition zur Erforschung des
linkskatholischen Widerspruchs während der restaurativen Adenauer-Ära.

Peter Bürger

Friedenslandschaft Sauerland

Antimilitarismus und Pazifismus in einer
katholischen Region. Ein Überblick –
Geschichte und Geschichten.

ISBN 978-3-7392-3848-7
(204 Seiten; Paperback; BoD; € 12,00)
Zweite, veränderte Auflage 2016

edition *leutekirche sauerland* 1

Mit diesem Buch liegt die vielleicht erste Friedensgeschichte einer katholisch
geprägten, später „neupreußischen" Landschaft vor. Lange verlästerten
die Sauerländer den Krieg und votierten standhaft für den Frieden ...

Als der katholische Teil des Sauerlandes nach 1800 unter hessische
und dann preußische Landesherrschaft kam, behagte den Bewohnern
die neue Pflicht zum Soldatsein überhaupt nicht.
Es kam zu massenhaften Desertionen.
Über Schule und Kriegervereine musste der Sinn fürs Militärische
durch die neuen Herren erst geweckt werden.

Das kölnische Sauerland war zur Zeit der Weimarer Republik jedoch eine Hochburg
des Friedensbundes deutscher Katholiken. Der Bund gehörte dann mit zu den
ersten katholischen Verbänden, die 1933 verboten wurden.
Einige Kriegsgegner mussten für ihre Standfestigkeit große Nachteile
in Kauf nehmen oder wurden sogar von den Nazis ermordet.

Das weltkirchliche Bekenntnis zur Einheit der ganzen menschlichen Familie auf
der Erde spielt in den friedensbewegten Linien der „anderen Heimatgeschichte" eine
wichtige Rolle. Hierin liegt auch eine Zukunftsperspektive der katholisch geprägten,
heute immer bunter werdenden Region.

Die Überschrift „Friedenslandschaft" markiert kein Gütesiegel,
sondern die Möglichkeit einer guten Wahl: Heimat für Menschen,
Ausgrenzung nur für Stammeswahn und braune Stammtischphrasen.

– Buchhinweis –

Peter Bürger (Hg.)

Irmgard Rode
(1911-1989)

Dokumentation über
eine Linkskatholikin und
Pazifistin des Sauerlandes

ISBN 978-3-7386-5576-6
(230 Seiten; Paperback;
BoD 2016; € 9,90)

edition *leutekirche sauerland* 2

Die linkskatholische Pazifistin Irmgard Rode (1911-1989) war nach dem 2. Weltkrieg Kommunalpolitikerin in der sauerländischen Kreisstadt Meschede und später wohl die bekannteste Frau am Ort. Ihr Leitmotiv: „Das Leben zum Guten wenden.“

Diese Dokumentation lenkt den Blick auf ihr Lebenszeugnis für die eine Menschenfamilie: Hilfe für Flüchtlinge; Aufnahme von sozialbenachteiligten Kindern in die eigene Familie; Initiativen der internationalen Versöhnungsarbeit und des Jugendaustausches unter dem Dach der „Freunde der Völkerbegegnung“; Einsatz gegen Rassismus und das Verschweigen der nationalsozialistischen Massenmorde in nächster Nähe; Gründung eines Internationalen Kinderhauses; Aufklärung über die menschenfeindliche Religion des Militär- und Kriegsglaubens; Widerstand gegen die atomare Aufrüstung der 1980er Jahre ...

Die streitbare Friedensarbeiterin arbeitete mit Menschen aus allen demokratischen Lagern zusammen, die sich um mehr Menschlichkeit bemühten.

Ein biographischer Beitrag zum Projekt „Friedenslandschaft Sauerland“.

– Buchhinweis –

Jens Hahnwald / Peter Bürger / Georg D. Heidingsfelder

Sühnekreuz Meschede.

Die Massenmorde an sowjetischen und polnischen
Zwangsarbeitern im Sauerland während der Endphase des
2. Weltkrieges und die Geschichte eines schwierigen Gedenkens

ISBN: 978-3-7431-0267-5
(440 Seiten; Paperback;
BoD 2016; € 14,90)

edition *leutekirche sauerland* 3

Im kurkölnischen Sauerland wurden 208 unschuldige Menschen aus
„Russland" und Polen zwischen dem 20. und 22. März 1945 von deutschen
Soldaten ermordet. Die willkürlich ausgewählten Opfer dieses Kriegsendphase-
Verbrechens waren weibliche und männliche Zwangsarbeiter sowie zwei Kinder.
Entlang des erst Ende 1957 eröffneten Gerichtsverfahrens gegen beteiligte Täter
rekonstruiert Jens Hahnwald die grausamen Ereignisse und beleuchtet
Reaktionen der Nachkriegsgesellschaft.

Anders als bei den Mordschauplätzen Warstein und Suttrop wurde das dritte
Massengrab nahe Eversberg erst 1947 entdeckt. Ein kath. Männerkreis richtete zum
Gedenken an die Opfer des Faschismus ein hohes „Sühnekreuz" auf. Dieses
geweihte Gedenkkreuz wurde mit Axt und Feuer geschändet. Es musste
aufgrund großer Feindseligkeit in der Kleinstadt Meschede für Jahrzehnte
in ein geheimes Erdgrab versenkt werden. Peter Bürger zeichnet die
lange Geschichte eines „schwierigen Gedenkens" nach.

Der Dokumentarteil dieses Buches enthält den frühesten Bericht von
Georg D. Heidingsfelder, Originalquellen und Zeitzeugenberichten.

Ohne Kenntnis der Geschichte fehlt uns eine wichtige Orientierungshilfe
zur Gestaltung von Gegenwart und Zukunft.